Univers

Collection dirigée par

Fernand Angué, André Lagarde, Laurent Michard

MAUPASSANT

CONTES

1. SCÈNES DE LA VIE PARISIENNE

avec une notice sur la vie de Maupassant, une étude
générale de son œuvre, une analyse méthodique
des contes choisis, des notes, des questions,
des jugements, des thèmes de réflexion et des sujets
de devoirs

par

Denise P. COGNY
Maître-assistant
à la Faculté des Lettres
et Sciences humaines
du Mans

Pierre COGNY
Doyen honoraire
de la Faculté des Lettres
et Sciences humaines
du Mans

BORDAS

naturaliste

VIE DE GUY DE MAUPASSANT

(1850-1893)

Ascendants   Peu d'écrivains ont été marqués aussi pro-
et influences   fondément par leur province natale que
                    Guy de Maupassant, à propos de qui René
Dumesnil a pu écrire[1] :

> *C'est une fortune pour un artiste que de se trouver, par son*
> *tempérament et son caractère, en si parfait accord avec le pays*
> *dont il va tirer la substance même de ses œuvres ; et c'est aussi pour*
> *une province un rare bonheur que de produire, d'âge en âge, des*
> *écrivains qui, par le simple exercice de leurs dons naturels, et*
> *comme la vigne fait du terroir, expriment sans vains efforts d'élo-*
> *quence l'âme même de leur pays.*

Sans doute l'auteur de *Boule de suif* n'était-il Normand que du
côté maternel, puisque son père était Lorrain, mais la famille
avait depuis longtemps des liens en Normandie. Le grand-oncle
de Guy, Louis de Maupassant, trésorier-payeur à Versailles,
avait épousé en secondes noces une dame Barbier, propriétaire
du château des Authieux, à Port Saint-Ouen, près de Rouen
que nous retrouverons si souvent dans l'œuvre du conteur.

Jules de Maupassant, frère de Louis, épouse à Pont-Audemer,
dans l'Eure, la fille du receveur des finances de Bernay, et c'est
à Bernay que naquit, le 28 novembre 1821, Gustave de Maupassant, père de Guy. C'est à Rouen que devait mourir, en 1875,
Jules de Maupassant. Ainsi donc, la branche paternelle avait de
solides attaches en Normandie, assez, en tout cas, pour estomper
les caractéristiques lorraines que l'on s'est étonné de ne pas
rencontrer dans l'œuvre de Guy.

Du côté maternel, on est de vieille souche normande, et la
famille Le Poittevin entretenait depuis fort longtemps d'étroits
liens d'amitié avec la famille Flaubert, ce qui explique que l'on
ait fréquemment uni par des rapports de parenté Guy de Maupassant et Gustave Flaubert.

---

1. *Guy de Maupassant*, p. 1.

L'aïeul, Jean-Paul Le Poittevin, communément connu sous le nom de Paul, filateur à Rouen, était le parrain de Gustave Flaubert. Il eut trois enfants : Paul-Alfred, né le 28 septembre 1816, filleul du Dr Flaubert; Laure, venue au monde le 18 septembre 1821; et Virginie, la cadette, qui semble être restée un peu étrangère à la famille. L'aîné de la petite bande, lui, devait au contraire avoir une forte influence sur Flaubert et sur Laure, assez pour qu'on lui ait attribué l'origine lointaine du pessimisme incurable de Maupassant, ce qui serait hautement probable, quand on sait le profond attachement de Guy pour sa mère, et son culte pour l'auteur de *Madame Bovary*, qui, précisément, écrivait à Laure, le 23 février 1873 :

> *Depuis un mois, je voulais t'écrire pour te faire une déclaration de tendresse à l'endroit de ton fils [...]. Malgré la différence de nos âges, je le regarde comme un ami, et puis il me rappelle tant mon pauvre Alfred! J'en suis même parfois effrayé, surtout lorsqu'il baisse la tête en récitant des vers! Quel homme c'était, celui-là! il est resté dans mon souvenir, en dehors de toute comparaison. Je ne passe pas un jour sans y rêver...*

De son côté, Maupassant écrivait à Flaubert, dans une lettre non datée et que René Dumesnil situe en 1876 ou 1878 :

> *Pardonnez-moi cette liberté, mais, en causant avec vous, il me semblait souvent entendre mon oncle que je n'ai pas connu, mais dont vous et ma mère m'avez si souvent parlé, et que j'aime comme si j'avais été son camarade ou son fils.*

De cet Alfred Le Poittevin, à la personnalité si affirmée, retenons ce que dit René Descharmes, dans son introduction à *Une Promenade de Bélial et Œuvres inédites d'Alfred Le Poittevin* (nous retrouverons chez le neveu ce qu'il notait chez l'oncle) :

> *Tout jeune, il erra dans les couloirs du vieil Hôtel-Dieu, attentif à tout, curieux des moindres nouveautés, et, dans son esprit observateur et sérieux, la vue des misères humaines développa rapidement un instinctif besoin de méditation, en même temps qu'un penchant marqué au pessimisme. Les impressions qu'il remportait de ces escapades restaient en lui d'autant plus profondément gravées qu'elles n'étaient point celles de chaque jour, et qu'ailleurs, dans la maison de ses parents, il en recevait d'autres certainement très différentes : sa sensibilité n'en était que davantage émue, sa réflexion plus vivement stimulée. Il entrevit là sans doute pour la première fois les grands problèmes de la vie et de la mort que sa pensée devait scruter plus tard avec tant d'opiniâtreté : elle y contracta l'habitude de dépasser les simples données de la perception, de rechercher sous les apparences la nature secrète des phé-*

nomènes, leur origine, leur raison d'être ; il apprit à voir, juger froidement. La tournure d'esprit philosophique et critique dont on constate les manifestations dans ses lettres et dans ses œuvres dérive donc très vraisemblablement de cette première éducation, de ce contact prématuré avec les plus lamentables aspects de l'existence.

Ne trouvons-nous pas déjà ici les lignes de force de l'œuvre de Guy de Maupassant?

Enfance et adolescence   Du mariage de GUSTAVE DE MAUPASSANT avec LAURE LE POITTEVIN, célébré le 9 novembre 1846, naquit, le 5 août 1850, HENRY-RENÉ-ALBERT-GUY. Le lieu même de sa naissance a été contesté, en raison de certaines fantaisies de l'état civil. La constatation a relativement peu d'importance, les divers berceaux présumés se trouvant tout près les uns des autres, et tous dans la Seine-Maritime (qui s'appelait alors Seine-Inférieure), au cœur de la Haute-Normandie. Nous admettrons, pour nous ranger à la majorité, le château de Miromesnil, sis dans la commune de Tourville-sur-Arques. Il est sûr que le jeune ménage satisfaisait sa vanité en louant cette gentilhommière et qu'il ne lui eût pas déplu d'entourer la naissance de l'aîné, toujours particulièrement honoré en Normandie, d'un lustre particulier. En 1854, la famille s'installe au château de Granville-Ymauville, canton de Goderville. Tout près de là passe le chemin de fer de Bréauté-Beuzeville à Fécamp. Goderville, Bréauté, Beuzeville, Fécamp... tous ces noms réapparaîtront souvent dans les contes paysans, et le roman *Une vie* se déroulera dans ce château de Grainville-Ymauville : pour Maupassant, aucun détail, même le plus lointain, ne se perd jamais. En 1856 naît un second fils, Hervé, qui précédera de quelques années Guy dans la folie et dans la mort.

Mais Gustave de Maupassant, trop bel homme, est volage, Laure a trop de dignité pour tolérer longtemps les outrages et, bientôt, c'est la séparation. Guy n'oubliera pas les scènes pénibles dont il a pu être le témoin; il conservera sa tendresse aux enfants victimes de foyers désunis.

Mme de Maupassant se retire avec les deux petits dans sa villa d'Étretat, *Les Verguies;* c'est, pour le futur conteur, une existence de plein air, de liberté, de joyeuse expansion de toutes ses facultés et de contact quotidien avec la nature, dont il conservera jusqu'aux derniers jours la nostalgie. Intelligente et cultivée, sa mère se charge de sa première instruction; avec elle, il s'éveille à la beauté et au goût, cependant qu'avec ses camarades, fils de paysans et de pêcheurs, il acquiert l'amour des gens, des bêtes et des choses. Aimé de tous, il pénètre dans tous les milieux, et il n'est pas impossible qu'il ait eu pour compagnons des petits Simon sans papa ou des petits Tuvache que leur mère, elle, n'aurait point vendus, comme la Vallin d'*Aux champs*. Il a pu assister à des scènes cruelles, comme celles qu'il décrira dans *Coco*, et se heurter à la sottise butée et sournoise de ces précoces vauriens qui ont pour seule excuse d'être de la graine d'hommes. Durant ces années d'enfance, celles qui auront le plus compté pour lui, il aura sans doute appris le cynisme dont il masquera tant de fois sa sensibilité profonde.

La première souffrance fut le départ pour la pension au petit séminaire d'Yvetot. Matériellement, Guy n'est pas à proprement parler malheureux, mais il a perdu sa liberté, et tout, désormais, lui paraît amer. Finis, les vagabondages. L'esprit est aussi prisonnier que le corps. Ses maîtres obtiennent le résultat inverse de celui qu'ils escomptaient. De même qu'une plante vigoureuse de plein champ s'étiole dans une serre, Guy se sent dangereusement arraché à son milieu et il perd le peu de convictions religieuses qu'il avait pu acquérir pendant les années de catéchisme. Le voici agnostique et il n'a pas quinze ans. Heureusement pour lui, son indiscipline chronique et une frasque établie amènent le supérieur à se séparer de Guy. Il est rendu à sa mère et à Étretat et à la mer et à ses amis pour quelques mois, jusqu'à la rentrée scolaire. Il ne retournera pas à Yvetot, mais ira faire sa seconde au lycée de Rouen, qui le gardera jusqu'à sa philosophie. Ces trois années (1867-1869) auront une influence déterminante sur sa carrière, car il a, malgré son jeune âge, la chance inespérée d'être reçu assez fréquemment par GUSTAVE FLAUBERT, qui accepte volontiers d'être le correspondant du fils de son amie d'enfance, et par LOUIS BOUILHET, poète bien oublié aujourd'hui, mais qui jouissait alors d'une certaine notoriété. Le jeune homme intéresse ses deux aînés, qui commencent l'initiation à la vie littéraire et le traitent en camarade. Quand, le 27 juillet 1869, il est admis au baccalauréat, à la Faculté de Caen, il sait qu'il écrira. Il sait aussi que ce n'est pas, au moins dans les débuts, une situation rentable qui l'attend; il cherche à augmenter son bagage et, sur les conseils de son père, commence une licence de Droit. Il n'a pas terminé sa première année que la guerre avec la Prusse éclate; il a tout juste vingt ans. Appelé, il fait campagne, avec une furieuse envie de jeter l'ennemi hors de France. Il revient vite de ses illusions : autour de lui, ce ne sont que misères, incendies, pillages, meurtres, sans parler des humiliations que le vainqueur fait subir au vaincu et des lâchetés du vaincu vis-à-vis de son vainqueur. Il souffre, mais il emmagasine les images et les faits qui seront la trame de ses récits de guerre. Tout se passe pour lui comme si chaque étape de sa vie était une nouvelle expérience, un nouveau fichier de documents pour son œuvre. Cependant, son père étant intervenu pour le faire verser dans les services de l'Intendance, moins glorieux mais moins périlleux, il évite le pire, et il est libéré, sans avoir eu trop à souffrir, en novembre 1871. Cette guerre-éclair l'avait mûri : en moins de dix-huit mois l'adolescent était devenu un homme.

Les débuts (1871-1880) Maupassant estime qu'il est trop tard pour poursuivre ses études et il sollicite, dès sa démobilisation, un poste au ministère de la Marine, poste qu'il obtient grâce aux relations paternelles. Il s'ennuie prodigieusement, mais apprend beaucoup. Ce milieu de médiocres et d'ambitieux étriqués ne vaut pas celui des paysans et des marins, malgré leur rudesse de primitifs et la grossièreté de leurs instincts. Il s'était amusé d'eux, dont il se sentait proche ; il méprise les employés et ne veut pas être des leurs. De ses camarades de chaîne, il ne retiendra que les ridicules, les mesquineries et les travers, et il ne leur saura même pas gré de lui avoir fourni, bien malgré eux, des types. Il leur devrait plus encore, si l'on en croit le témoignage de Pradel de Lamase [1] :

> *Tant qu'il a vécu parmi eux, il n'a différé des plus ordinaires que par la coupe de ses vêtements, toujours à la mode, et par la politesse des manières, habitudes d'économie et d'éducation premières. Cette correction constante contrastait avec son amour du canotage en société tapageuse, des déjeuners dans les guinguettes du bord de l'eau, des mystifications infligées aux simples d'esprit.*

Un certain mode de vie, d'où le snobisme n'est pas exclu, un goût affirmé pour un débraillé joyeux, un besoin immodéré de faire, partout et toujours, des farces, au point que la farce, en soi, pourrait bien être un aspect important de sa philosophie, autant de traits que nous retrouverons dans les *Contes*. Le Maupassant de cette époque nous est connu par l'autoportrait qu'il a tracé dans *Mouche*, en 1890, bien peu de temps avant qu'il ne basculât définitivement dans la folie :

> *Puis quelle vie gaie avec les camarades ! Nous étions cinq, une bande, aujourd'hui des hommes graves ; et, comme nous étions tous pauvres, nous avions fondé, dans une affreuse gargote d'Argenteuil, une colonie inexprimable, qui ne possédait qu'une chambre-dortoir, où j'ai passé les plus folles soirées, certes, de mon existence. Nous n'avions souci de rien que de nous amuser et de ramer, car*

---

1. « Guy de Maupassant, commis à la Marine », *Mercure de France*, 1er septembre 1928.

l'aviron, pour tous, sauf pour un, était un culte. Je me rappelle de si singulières aventures, de si invraisemblables farces, inventées par ces cinq chenapans, que personne aujourd'hui ne les pourrait croire. On ne vit plus ainsi, même sur la Seine, car la fantaisie enragée qui nous tenait en haleine est morte dans les âmes actuelles. A nous cinq, nous possédions un seul bateau, acheté à grand'peine, et sur lequel nous avons ri comme nous ne rirons plus jamais. C'était une large yole un peu lourde, mais solide, spacieuse et confortable. Je ne vous ferai point le portrait de mes camarades : il y en avait un petit, très malin, surnommé Petit-Bleu ; un grand, à l'air sauvage, avec des yeux gris et des cheveux noirs, surnommé Tomahawk ; un autre, spirituel et paresseux, surnommé La Tôque, le seul qui ne touchait jamais une rame, sous le prétexte qu'il ferait chavirer le bateau ; un mince, élégant, très soigné, surnommé « N'a qu'un œil », en souvenir d'un roman, alors récent, de Cladel, et parce qu'il portait monocle ; enfin moi, qu'on avait baptisé Joseph Prunier. Nous vivions en parfaite intelligence...

« Joseph Prunier », en réalité, mène double et même triple vie : s'il travaille, en pestant, au ministère — en 1879, il était passé, grâce aux démarches de Flaubert, de la Marine à l'Instruction publique, mais ne s'y plaisait guère davantage —, s'il se console des mornes heures de présence au bureau par les épuisantes escapades sur l'eau et dans les bouchons du bord de Seine, il ne perd pas de vue sa vocation d'écrivain. Il s'essaie et soumet ses tentatives à Flaubert, qui se montre le meilleur et le plus exigeant des maîtres. Malgré sa force herculéenne, Maupassant s'use et, déjà, il est malade. La migraine le torture, il prend goût à la drogue : il use d'éther pour calmer ses douleurs, et, insensiblement, abuse. Les premiers troubles oculaires apparaissent, avertissement sérieux auquel le bon Flaubert ne se laisse pas tromper. Mais Maupassant a le malheur de ne pas l'entendre à temps : il a trop d'autres choses à faire, ne serait-ce que de se créer des relations littéraires. A côté de ceux que l'on revendique, bien malgré eux, comme les « patrons » du naturalisme — Gustave Flaubert et Edmont de Goncourt —, il fréquente ceux qui constitueront le groupe de Médan et participe, le 16 avril 1877, au fameux dîner qui réunit chez Trapp, autour de l'auteur de *Madame Bovary* et de celui de *Germinie Lacerteux*, Zola, qui commençait à devenir célèbre, Mirbeau, Alexis, Céard, Hennique et Huysmans. Maupassant n'avait rien publié encore; c'est seulement vingt mois plus tard, le 19 février 1879, qu'il attirera l'attention de ses aînés en faisant jouer avec succès l'*Histoire du vieux temps*, au troisième Théâtre-Français de Ballande. Il continue cependant à écrire les poèmes qui seront recueillis dans *Des Vers*, édités par Charpentier en 1880.

Visiblement, il n'a pas encore trouvé sa voie.

Les années de gloire (1880-1890) L'occasion de se distinguer lui est fournie par sa participation au livre collectif qui devait être, dans l'esprit des collaborateurs, une véritable charte du Naturalisme : *Les Soirées de Médan*. On avait choisi cette appellation, rappelle Henry Céard, « parce qu'elle rendait hommage à la chère maison où Mme Zola nous traitait maternellement et s'égayait à faire de nous de grands enfants gâtés [1] ».

Le *nous* désigne les convives du dîner Trapp, moins Goncourt et Flaubert. Maupassant avait, pour sa part, proposé un conte intitulé *Boule de suif*. Ses compagnons reconnurent d'emblée que c'était peut-être le chef-d'œuvre, et Pol Neveux rapporte [2] :

Maupassant lut le dernier. Quand il eut terminé Boule de suif, *d'un élan spontané, avec une émotion dont ils gardèrent la mémoire, enthousiasmés par cette révélation, tous se levèrent, et sans phrases, le saluèrent en maître.*

Le nom de Maupassant — qui avait frisé la notoriété du scandale quelques mois auparavant quand, au début de l'année, le Parquet d'Étampes avait prétendu poursuivre l'écrivain pour atteinte à la morale et aux mœurs, à propos d'une pièce de vers bien anodine — devient célèbre, et *Boule de suif* servit autant le succès des *Soirées de Médan* que la nouvelle de Zola, *l'Attaque du moulin* ou celle de Huysmans, *Sac au dos*, qui l'une et l'autre sont loin de manquer de valeur.

Le succès ne le grise pas. Avec une prudence toute normande, il se garde d'abandonner la proie pour l'ombre en reprenant sa liberté : c'est seulement en 1888 qu'il quittera le ministère. Encore faudra-t-il qu'il y soit fermement invité.

Mais, désormais, la vie et l'œuvre se confondent étroitement. Les journaux se disputent sa collaboration ; les éditeurs ne demandent qu'à publier les recueils de ses contes et nouvelles.

Par une coïncidence émouvante, au moment précis où il fait dans le monde des lettres une entrée éclatante, Flaubert meurt, terrassé par une apoplexie, le 8 mai 1880. Maupassant ne se consola jamais de cette perte et, à maintes reprises, il évoqua l'ami bourru et bon auquel il avait conscience de tout devoir. Il préférait à tout les heures qu'il avait passées à Croisset auprès de son vieux maître, si affectueusement impitoyable et si pataud dans sa délicatesse. Il y pensait avec nostalgie auprès de tous les mondains que ses obligations nouvelles l'amenaient à fréquenter.

---

1. Céard et de Caldain, *Huysmans intime* (édité par P. Cogny, 1957, p. 155).
— 2. Pol Neveux, Préface aux *Œuvres* de Maupassant (Conard, p. XVII).

Maupassant a pris, certes, plaisir à se frotter aux grands de ce monde et à voir son nom figurer parmi les célébrités de l'époque : il n'en a pas moins été conscient de leur pauvreté réelle.

Le tourbillon dans lequel l'entraînent ces altesses qu'il était, au début, fier d'approcher, ces barons de la finance qu'il reçoit ou par qui il est reçu, ces femmes de la haute société israélite ou du demi-monde huppé dont il fait ses compagnes, l'épuise rapidement, et il n'ignore pas que ce n'est qu'artifice.

Pour y échapper, il multiplie les séjours à la Guillette, la villa qu'il a fait construire à Étretat sur un terrain offert par sa mère. Bientôt il y est rejoint par sa bande de dangereux amis et ne trouve guère le repos dont il aurait si grand besoin. Il lui faut fuir, toujours, ailleurs, plus loin, et ce sont les croisières sur le *Bel-Ami*, son yacht tant aimé. Mais, à bord, il organise des fêtes dont François, son valet de chambre, a laissé des échos dans ses deux volumes de souvenirs. De plus en plus, il lui faut la chaleur de la Méditerranée et le dépaysement total. En Afrique du Nord, il semble trouver quelque répit, si l'on s'en rapporte à Edmond de Goncourt, qui note dans son *Journal*, à la date du 6 mars 1889 :

> *Maupassant, de retour de son excursion en Afrique, et qui dîne chez la princesse [1], déclare qu'il est en parfait état de santé. En effet, il est animé, vivant, loquace, et sous l'amaigrissement de la figure et le reflet basané du visage, moins commun d'aspect qu'à l'ordinaire.*
>
> *De ses yeux, de sa vue, il ne se plaint point, et dit qu'il n'aime que les pays de soleil, qu'il n'a jamais assez chaud, qu'il s'est trouvé, à un autre voyage, dans le Sahara, au mois d'août, et où il faisait 53 degrés à l'ombre, et qu'il ne souffrait pas de cette chaleur.*

La chute du « météore »   *Qu'il fût promis à la gloire, nous*
(1890-1893)   *n'en doutions pas. Mais qui eût pu*
                                 prévoir cette éblouissante et tragique
carrière de météore [2] ?

Maupassant avait connu la gloire en 1880. Dix ans plus tard, après avoir publié trente volumes, son activité se ralentit considérablement. La maladie, cette fois, ne cède plus; c'est en vain qu'il cherche à la vaincre dans les Cévennes, à Arles ou à Luchon.

En juin 1891, il fait une cure à Divonne-les-Bains, avec un apparent succès, mais c'est, inéluctablement, la chute. Comme le héros de Huysmans, des Esseintes, dans *A Rebours*, il se joue à lui-même de meurtrières symphonies de parfums, plus enivrantes peut-être que les liqueurs de l'orgue à bouche.

---

1. La *princesse* Mathilde, fille de Jérôme Bonaparte. — 2. H. Roujon « Souvenirs d'art et de littérature », *Grande Revue*, février 1904.

Le 1er janvier 1892, il va à Nice (il habitait alors à Cannes) dîner avec sa mère qu'il effraie par ses absences d'attention et ses moments d'exaltation. Dans la nuit, quelques heures après son retour, il s'ouvre la gorge, se manque et déclare à son valet :

Voyez, François, ce que j'ai fait. Je me suis coupé la gorge... C'est un cas absolu de folie...

Le 6 janvier, on l'emmène à la clinique du Dr Blanche, à Passy, où il sombre peu à peu dans l'anéantissement. Malgré les soins de ses médecins et de ses infirmiers, il n'y eut à aucun moment d'amélioration notable. La consolation, pour ceux qui l'aimaient, fut de savoir qu'il avait depuis longtemps perdu la conscience de son état quand, le 6 juillet 1893, il mourut, âgé de quarante-trois ans.

CL. BULLOZ

Le cabinet de travail de Maupassant
à Paris, 10, rue Montchanin (aujourd'hui rue Jacques-Bingen).

« Le logis est simple, encombré de bibelots de mauvais goût, très chaud, très clos, très parfumé. » (Georges de Porto-Riche)

Hervé de Maupassant (ci-
contre) et Guy de Mau-
passant (ci-dessous). Les
deux frères sombrèrent
dans la folie.

MAUPASSANT : L'HOMME

Au physique   Maupassant n'aimait pas se laisser photographier; aussi n'avons-nous qu'assez peu de témoignages iconographiques, le plus connu étant le portrait de Nadar.
On l'a souvent comparé à un taureau triste, en raison de la
largeur de son front, de la puissance de son encolure et de la
résignation un peu farouche de son regard. Si les succès féminins
prouvent quelque chose, il devait être fort beau, mais d'une
beauté légèrement vulgaire, presque inquiétante, de mâle vigoureux.

Vu par Henry Roujon (article cité, p. 10, en note):

*Son aspect n'avait rien de romantique. Une ronde figure congestionnée de marin d'eau douce, de franches allures et des manières
simples.*
*— J'ai nom « mauvais-passant », répétait-il, avec une bonhomie
qui démentait la menace.*

Vu par Georges de Porto-Riche[1] :

*Il n'a pas l'air d'un homme de lettres. Guy de Maupassant est
un gaillard de trente-cinq ans, assez mince, de tournure militaire,
correctement vêtu. Vu de loin, quand il ne sait pas qu'on le regarde,
il a dans la physionomie quelque chose de dur et d'insolent.*
*Mais, dès qu'on cause avec lui, l'aspect se modifie ; l'effronterie
de tout à l'heure fait place à une bonté polie qui semble naturelle.
Une placidité souriante l'enveloppe de la tête aux pieds. Le regard
est peut-être soupçonneux, mais la voix est particulièrement douce.
Les manières réservées manquent un peu de familiarité. L'ensemble
est circonspect et très modeste.*
*[...] Il s'exprime exactement comme il écrit. En l'écoutant, on
reconnaît sa prose. Sa conversation est prudente, calculée. Il ne
dit que les choses nécessaires et parle rarement de lui. Il n'attaque
pas, mais sa riposte est dangereuse. On a toujours tort, avec ce
Normand.*
*Il est, d'ailleurs, d'une impassibilité singulière. Jamais il ne
questionne ; jamais il n'insiste ; jamais ses façons ne trahissent la
moindre curiosité. On ne se sent même pas observé par lui.*

---

1. Notes prises vers 1885 et publiées par les *Annales politiques et littéraires*
en 1912 (n° 1497, p. 191).

Vu par Jules Lemaître [1] :

> [...] *je lui fis visite de la part de son grand ami* [Flaubert]. *Il fut très simple et très doux (je ne l'ai jamais vu autrement). Mais il se portait très bien, un peu haut en couleur, l'air d'un robuste bourgeois campagnard. J'étais bête ; j'avais des idées sur le physique des artistes. Puis, à cette époque déjà, Maupassant n'éprouvait aucun plaisir à parler littérature. Je me dis : « Voilà un très brave garçon », et je m'en tins là dans mon jugement.*

Vu par José-Maria de Heredia [2] :

> *Quant à lui, il semblait qu'il ne sût comment se dépenser. Les exercices violents le passionnaient. Il se plaisait à remonter, à force de rames, le cours des fleuves. Né près de la mer, il l'aimait. Elle exaltait, elle berçait son âme joyeuse et morose. Poussé par un vieil instinct de race, il descendit au Sud, vers le soleil. Il a, sous la proue de son yacht, en tous sens, fait écumer la Méditerranée que les Vikings, ses ancêtres, eussent écumée. Mais Guy de Maupassant était né trop tard, en cette fin de siècle où il faut traverser l'Afrique entière, si l'on veut pirater à l'aise. Il dut se contenter d'exercer ses muscles et d'écrire de beaux contes.*

Au moral C'est **un Normand,** Goncourt le lui reproche dans son *Journal :*

> *Mardi 10 janvier* [1888]. *Dans la préface de son nouveau roman, Maupassant, attaquant l'écriture artiste, m'a visé, — sans me nommer. Déjà à propos de la souscription Flaubert, je l'avais trouvé d'une franchise qui laissait à désirer. Aujourd'hui, l'attaque m'arrive, en même temps qu'une lettre, où il m'envoie par la poste son admiration et son attachement. Il me met ainsi dans la nécessité de le croire un Normand, très normand.*

Heredia l'en loue (article cité) :

> *Il est de la grande lignée normande, de la race de Malherbe, de Corneille et de Flaubert. Comme eux, il a le goût sobre et classique, la belle ordonnance architecturale et, sous cette apparence régulière et pratique, une âme audacieuse et tourmentée, aventureuse et inquiète.*

C'est **un pessimiste** — Attiré très tôt par la philosophie désespérante de Schopenhauer, qui marqua toute l'époque, il y reste fidèle. Mais il teinte de cynisme la doctrine hautaine de son

---

1. « Comment j'appris à aimer Guy de Maupassant », *Annales politiques et littéraires*, nº 507, 12 mars 1893. — 2. « Les vers et la prose de Guy de Maupassant », *Annales politiques et littéraires*, 1901, p. 283.

maître, et il est plus sincère qu'il ne veut le paraître dans ces confidences à Marie Bashkirtseff :

> *Tout m'est à peu près égal dans la vie, hommes, femmes, événements. Voilà ma vraie profession de foi, et j'ajoute, ce que vous ne croirez pas, que je ne tiens pas plus à moi qu'aux autres. Tout se divise en ennui, farce et misère. Je prends tout avec indifférence. Je passe les deux tiers de mon temps à m'ennuyer profondément. J'occupe le troisième tiers à écrire des lignes que je vends le plus cher possible, en me désolant de faire ce métier abominable.*

Ses rapports avec ses éditeurs prouvent qu'il n'exagère pas. Quant à sa sombre vision de la vie, elle apparaît dans toutes ses œuvres, et il est exceptionnel qu'il n'y ait pas, derrière le rire, un grincement de dents.

C'est **un être d'instinct** — Ce pessimisme, curieusement, s'assortit d'un amour désordonné de la vie unanime et élémentaire, sans qu'il y ait là de contradiction. Il s'analyse de manière pénétrante dans cette page de *Sur l'eau* :

> *Si mon esprit inquiet, tourmenté, hypertrophié par le travail, s'élance à des espérances qui ne sont point de notre race et puis retombe dans le mépris de tout, après en avoir constaté le néant, mon corps de bête se grise de toutes les ivresses de la vie. J'aime le ciel comme un oiseau, les forêts comme un loup rôdeur, les rochers comme un chamois, l'herbe profonde pour m'y rouler, pour y courir comme un cheval, et l'eau limpide pour y nager comme un poisson. Je sens frémir en moi comme quelque chose de toutes les espèces d'animaux, de tous les instincts, de tous les désirs confus des créatures inférieures. J'aime la terre comme elles et non comme vous, les hommes ; je l'aime sans l'admirer, sans la poétiser, sans m'exalter. J'aime d'un amour bestial et profond, misérable et sacré, tout ce qui vit, tout ce qui pousse, tout ce qu'on voit, car tout cela, laissant calme mon esprit, trouble mes yeux et mon cœur, tout : les jours, les nuits, les fleurs, les mers, les tempêtes, les bois, les aurores, le regard et la chair des femmes.*

Cet homme d'instinct fera de la littérature d'instinct, ainsi qu'Henry Céard l'a remarqué (*Journal* des Goncourt, 20 juillet 1893) :

> *Au dîner, il [Céard] nous entretient de Maupassant, déclare que chez lui, la littérature était toute d'instinct, et non réfléchie, affirme que c'est l'homme qu'il a connu le plus indifférent à tout, et qu'au moment où il paraissait le plus passionné pour une chose, il en était déjà détaché.*

On peut se demander si ce ne sont pas cet instinct et cet apparent détachement qui expliqueraient le classicisme de l'œuvre.

C'est **un être de sensibilité** — Par pudeur, il cache la plupart de ses sentiments véritables, et cette excessive discrétion a souvent empêché de le connaître. Il s'est cependant livré dans cette lettre, ainsi présentée par René Dumesnil (ouvrage cité, p. 209-210) :

Mais est-il possible, pénétrant le mystère de cette triste fin de vie, d'établir un compte exact de ce que le génie de l'écrivain doit à la maladie dont il va bientôt mourir? La réponse, il la fait lui-même, dans cette admirable lettre, écrite dans la surexcitation de la souffrance :

« Si jamais je pouvais parler, je laisserais sortir tout ce que je sens au fond de moi de pensées inexplorées, refoulées, désolées. Je les sens qui me gonflent et m'empoisonnent, comme la bile chez les bilieux. Mais, si je pouvais un jour les expectorer, alors elles s'évaporeraient peut-être, et je ne trouverais plus en moi qu'un cœur léger, joyeux, qui sait? Penser devient un tourment abominable quand la cervelle n'est qu'une plaie. J'ai tant de meurtrissures dans la tête que mes idées ne peuvent remuer sans me donner envie de crier. Pourquoi? Pourquoi? Dumas dirait que j'ai un mauvais estomac. Je crois plutôt que j'ai un pauvre cœur orgueilleux et honteux, un cœur humain, ce vieux cœur humain dont on rit, mais qui s'émeut et fait mal. Et dans la tête aussi, j'ai l'âme des Latins qui est très usée. Et puis il y a des jours où je ne pense pas comme ça, mais où je souffre tout de même, car je suis de la famille des écorchés. Mais cela, je ne le dis pas, je ne le montre pas, je le dissimule même très bien, je crois. On me pense, sans aucun doute, un des hommes les plus indifférents du monde. Je suis sceptique, ce qui n'est pas la même chose, sceptique, parce que j'ai les yeux clairs. Et mes yeux disent à mon cœur : cache-toi, vieux, tu es grotesque, et il se cache. »

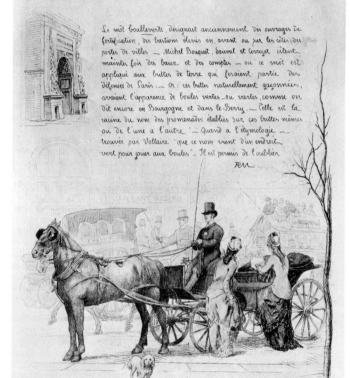

BOULEVARDS DE PARIS

Le mot *boullevers*, désignait anciennement des ouvrages de fortification, des bastions élevés en avant ou sur les côtés des portes de villes. — Michel Bouquet, Sauval et Corrozet citent maintes fois des baux et des comptes — où ce mot est appliqué aux buttes de terre qui faisaient partie des défenses de Paris. — Or, ces buttes naturellement gazonnées, avaient l'apparence de boules vertes ou vartes, comme on dit encore en Bourgogne et dans le Berry. — Telle est la racine du nom des promenades établies sur ces buttes mêmes ou de l'une a l'autre. — Quand a l'étymologie trouvée par Voltaire "que ce nom vient d'un endroit vert pour jouer aux boules". Il est permis de l'oublier

Eau-forte coloriée d'Adolphe M. Pothemont.

THÉORIES ESTHÉTIQUES
DE MAUPASSANT

Maupassant a toujours revendiqué sa dette à l'égard de Flaubert, son « maître », et affirmé à plusieurs reprises qu'il tenait de lui ses idées sur son art.

Comme Flaubert, il rejette toute notion d'école :

> *Qu'importent les doctrines, puisque seules les œuvres restent.*
>
> (« Émile Zola », *Revue Bleue*, 1883, XXI, p. 289-294.)

> *On a ou on n'a pas de talent. Voilà tout... Quant au genre de talent, qu'importe ? J'arrive à ne plus comprendre la classification qu'on établit entre les Réalistes, les Idéalistes, les Romantiques, les Matérialistes ou les Naturalistes.*
>
> (Préface à *Fille de fille*, de Jules Guérin, 1883.)

> *En dehors de la vérité observée avec bonne foi et exprimée avec talent, il n'y a rien qu'efforts impuissants de pions.*
>
> (Préface aux *Lettres de Flaubert à George Sand*, 1884.)

Donc, la première tâche de l'écrivain sera d'observer la réalité en n'employant « que des faits d'une vérité irrécusable et constante » (Préface[1] de *Pierre et Jean*, 1887) pour écrire « l'histoire du cœur, de l'âme et de l'intelligence à l'état normal » et révéler « ce qu'est véritablement l'homme contemporain ».

Mais cela ne signifie nullement « montrer la photographie banale de la vie »; c'est au contraire, en utilisant un « choix parmi des faits divers », nous « donner une vision plus complète, plus saisissante, plus probante que la réalité même. « Faire vrai consiste à donner l'illusion complète du vrai, suivant la logique ordinaire des faits, et non à les transcrire servilement dans le pêle-mêle de leur succession. » Comment Maupassant peut-il, avec de tels principes, employer le terme d' « illusion »? C'est que « la vérité absolue, *la vérité sèche* n'existe pas, personne ne pouvant avoir la prétention d'être un miroir parfait. Nous possédons tous une tendance d'esprit

---

1. Il s'agit d'une étude intitulée *Le Roman*, publiée en tête du roman *Pierre et Jean* pour lequel elle n'avait pas été spécialement écrite. Chacune de nos citations sans référence renvoie à ce texte capital.

qui nous porte à voir tantôt d'une façon, tantôt d'une autre »
(Émile Zola) :

> *Nous ne diversifions donc nos personnages qu'en changeant*
> *l'âge, le sexe, la situation sociale et toutes les circonstances de*
> *la vie de notre moi que la nature a entouré d'une barrière d'organes*
> *infranchissable.*

L'auteur nous donne sa « vision personnelle du monde »,
mais en veillant à « ne pas laisser reconnaître ce *moi* par le
lecteur ». Ainsi, son plus bel éloge de Flaubert, c'est qu' « il est
avant tout un artiste; c'est-à-dire : un auteur impersonnel [...]
impassible au-dessus des passions qu'il agite » (« Gustave
Flaubert », *La République des Lettres*, 23 octobre 1876).

Quant au problème des rapports entre les Lettres et la morale,
Maupassant s'est prononcé de façon éclatante en acceptant de
préfacer des ouvrages au titre évocateur : *Fille de fille; Celles
qui osent*, de René Maizeroy; *L'Amour à trois*, de Paul Ginisty;
Histoire de Manon Lescaut, de l'abbé Prévost. Sa conclusion
est la suivante : « Il n'y a rien de commun entre l'ordre social et
les lettres » *(Gustave Flaubert)*.

Après avoir ainsi « observé la vérité avec bonne foi », l'artiste
devra « l'exprimer avec talent ».

La forme, « première qualité de Flaubert » d'après Maupassant, sera donc primordiale : « la forme, c'est l'œuvre même »
(Gustave Flaubert). L'artiste doit accepter, comme Bouilhet,
Flaubert ou Maupassant lui-même, de se condamner à un travail
forcené, ce qui l'amène à produire peu. Mais les vrais artistes sont
ceux « que rien ne satisfait, que tout dégoûte, parce qu'ils rêvent
mieux ». C'est pourquoi « le travail continuel et la connaissance
profonde du métier peuvent, un jour de lucidité, de puissance et
d'entraînement, par la rencontre heureuse d'un sujet concordant
bien avec toutes les tendances de notre esprit, amener cette
éclosion de l'œuvre courte, unique et aussi parfaite que nous la
pouvons produire ».

La composition à elle seule est œuvre d'art, car on ne doit pas
voir le plan, qui est « le groupement adroit de petits faits cons-
tants d'où se dégagera le sens définitif de l'œuvre ».

Le vocabulaire doit être travaillé, non pas à la manière recherchée des Goncourt (Maupassant attaque au passage l' « écriture
artiste »), mais avec la persuasion que, « quelle que soit la chose
qu'on veut dire, il n'y a qu'un mot pour l'exprimer, qu'un verbe
pour l'animer et qu'un adjectif pour la qualifier »[1].

---

1. Cf. La Bruyère (I, 17) : « Entre toutes les différentes expressions qui peuvent
rendre une seule de nos pensées, il n'y en a qu'une qui soit la bonne. On ne la
rencontre pas toujours en parlant ou en écrivant; il est vrai néanmoins qu'elle
existe, que tout ce qui ne l'est point est faible, et ne satisfait point un homme
d'esprit qui veut se faire entendre. »

Enfin, la place de ces mots scrupuleusement choisis a son importance, car « il faut discerner avec une extrême lucidité toutes les modifications de la valeur d'un mot suivant la place qu'il occupe ».

En conclusion, devant de semblables exigences on comprend que Maupassant ait pu parler « d'invincible découragement ». Mais c'est peut-être dans une page de *Sur l'eau* qu'il a le mieux exprimé ses tortures, éprouvées avant lui par son maître Flaubert (édit. Ollendorff, p. 108 et suiv.) :

> [...] *je porte en moi cette seconde vue qui est en même temps la force et toute la misère des écrivains. J'écris parce que je comprends, et je souffre de tout ce qui est, parce que je le connais trop et surtout parce que, sans le pouvoir goûter, je le regarde en moi-même, dans le miroir de ma pensée.* [L'homme de lettres] *analyse malgré tout, malgré lui, sans fin, les cœurs, les visages, les gestes* [...]. *Il semble avoir deux âmes* [...] *et il vit condamné à être toujours, en toute occasion, un reflet de lui-même et un reflet des autres.*

RESTAURANT
DE
PARIS

APPARTEMENTS MEUBLÉS.

ASNIÈRES

FURNISHED APPARTMENTS.

Quai de Seine, 21.

5 MINUTES DE PARIS — LIGNE DE St GERMAIN

ÉCURIES et REMISES.

MAUPASSANT : L'ŒUVRE

Il existe quatre éditions des œuvres complètes de Maupassant :

L'édition Ollendorff, en 30 volumes (1899-1904, 1912), rééditée par Albin Michel.

L'édition Conard, en 29 volumes (1908-1928). Chaque conte est suivi de la date de publication. Mais l'éditeur ne donne pas la date de la première publication, considérée comme préoriginale, et l'on a relevé un certain nombre d'erreurs.

L'édition de la Librairie de France, en 15 volumes, dont le dernier, paru en 1938, renferme des textes non recueillis jusqu'alors et une partie de la correspondance de Maupassant.

L'édition Albin Michel, en 3 volumes présentée par A.-M. Schmidt et G. Delaisement (1957, 1958).

A cette bibliographie générale, il convient d'ajouter :

« Supplément à la Bibliographie de Guy de Maupassant », par Sullivan et Steegmuller (*Revue d'histoire littéraire de la France*, octobre-décembre 1949).

« Mise au point », par A. Vial, qui corrige et complète le travail précédent (*Bulletin du bibliophile et du bibliothécaire*, n° 2, 1950).

Maupassant journaliste et chroniqueur, suivi d'une bibliographie générale de l'œuvre de Guy de Maupassant, par G. Delaisement (1956).

Du vivant de Maupassant ont paru :

1 Recueil de poésie :

Des Vers (1880).

3 Pièces de théâtre :

Histoire du vieux temps (1879); *Musotte* (1891); *La Paix du ménage* (1893).

3 Livres de souvenirs :

Au soleil (1884); *Sur l'eau* (1888); *La Vie errante* (1890).

8 Préfaces à des ouvrages divers, dont les plus importantes présentent :

Celles qui osent, de René Maizeroy (1883); les *Œuvres* de Gustave Flaubert, réunies chez Charpentier en 1884; L'*Histoire de Manon Lescaut* (1885).

2 Études :

> *Émile Zola* (1883); *Note sur Swinburne*, pour les *Poèmes et Ballades* de Swinburne (1891).

6 Romans :

> *Une Vie* (1883); *Bel-Ami* (1885); *Mont-Oriol* (1887); *Pierre et Jean* (1888); *Fort comme la mort* (1889); *Notre cœur* (1890).

13 Recueils de contes et nouvelles :

> *Boule de suif* (dans les *Soirées de Médan*, 1880); *La Maison Tellier* (1881); *Mademoiselle Fifi* (1882); *Contes de la bécasse* (1883); *Clair de lune* (1884); *Les Sœurs Rondoli* (1884); *Miss Harriet* (1884); *Toine* (1885); *La Petite Roque* (1886); *Monsieur Parent* (1886); *Le Horla* (1886); *Le Rosier de Madame Husson* (1888); *La Main gauche* (1889); *L'Inutile Beauté* (1890).

OUVRAGES A CONSULTER

Édouard Maynial, *La Vie et l'Œuvre de G. de Maupassant*, 1906.

François Tassart, *Souvenirs sur Guy de Maupassant*, 1911.

Georges Normandy, *Guy de Maupassant*, 1926.

Artine Artinian, *Guy de Maupassant's criticism in France*, New York, 1941.

Paul Morand, *La Vie de Guy de Maupassant*, 1942.

René Dumesnil, *Guy de Maupassant*, 1947.

Francis Steegmuller, *Maupassant*, Londres, 1950.

Jean Thoraval, *L'Art de Maupassant d'après ses variantes*, 1950.

André Vial, *Guy de Maupassant et l'Art du roman*, 1954.

René Dumesnil, *Le Réalisme et le Naturalisme*, 1955.

Gérard Delaisement, *Maupassant journaliste et chroniqueur*, 1956.

Artine Artinian, *Pour et contre Maupassant*, 1956.

François Tassart, *Nouveaux souvenirs sur Guy de Maupassant*, inédit présenté par P. Cogny, 1963.

Pierre Cogny, *Le Naturalisme*, 3e éd., 1964.

Jacques-Henry Bornecque et Pierre Cogny, *Réalisme et Naturalisme*, 4e éd. 1965.

Armand Lanoux, *Maupassant le Bel Ami*, Fayard, 1967.

PRÉSENTATION

DES « SCÈNES DE LA VIE PARISIENNE »

Le titre que nous proposons est arbitraire; nous avons simplement désiré souligner que Maupassant, comme Balzac, avait été, pour la fin du XIXe siècle, l'animateur d'une véritable comédie humaine.

Jusqu'à présent, deux essais de classement des contes ont été faits :

1. Dans le tome XV des *Œuvres complètes* de la Librairie de France, René Dumesnil les répartit sous les rubriques suivantes :
L'enfant;
Morts violentes, incendies volontaires, crimes;
Viols, perversions sexuelles, érotisme, etc.;
Folie, terreur, hallucinations;
Aventures amoureuses;
Filles;
Héritages;
Farces, paysanneries;
Divers.

2. Dans l'édition Schmidt-Delaisement, on suggère :
Drames et propos rustiques;
Les confinés;
Les séducteurs et l'art d'aimer;
Le charme des liaisons;
La cage aux filles;
Scènes de la vie cléricale;
Ironies et horreurs de la guerre;
Le massacre des innocents;
Les chemins de la démence;
Diverses créatures.

Pour notre part, tout en sachant qu'il ne s'agit que d'approximations, nous avons adopté un groupement par thèmes et respecté, à l'intérieur de chacun de ces thèmes, la chronologie, ce qui permet de suivre, le cas échéant, l'évolution de Maupassant. A propos de chaque conte, nous indiquons où il a paru pour la première fois et dans quel recueil il a pris place selon les éditions.

I. LA GUERRE A PARIS

DEUX AMIS

Paris était bloqué, affamé et râlant [1]. Les moineaux se faisaient bien rares sur les toits, et les égouts se dépeuplaient. On mangeait n'importe quoi.

Comme il se promenait tristement par un clair matin de
[5] janvier le long du boulevard extérieur, les mains dans les poches de sa culotte d'uniforme [2] et le ventre vide, M. Morissot [3], horloger de son état et pantouflard par occasion [4], s'arrêta net devant un confrère qu'il reconnut pour un ami. C'était M. Sauvage, une connaissance du
[10] bord de l'eau.

Chaque dimanche, avant la guerre, Morissot partait dès l'aurore, une canne en bambou d'une main, une boîte en fer-blanc sur le dos. Il prenait le chemin de fer d'Argenteuil, descendait à Colombes, puis gagnait à pied l'île Marante [5].
[15] A peine arrivé en ce lieu de ses rêves, il se mettait à pêcher ; il pêchait jusqu'à la nuit.

Chaque dimanche il rencontrait là un petit homme replet et jovial, M. Sauvage, mercier rue Notre-Dame-de-Lorette, autre pêcheur fanatique. Ils passaient souvent une demi-
[20] journée côte à côte, la ligne à la main et les pieds ballants au-dessus du courant ; et ils s'étaient pris d'amitié l'un pour l'autre.

En certains jours, ils ne parlaient pas. Quelquefois ils

Ce conte parut dans « Le Gaulois » du 24 mars 1883. Il figure dans le volume intitulé « Mademoiselle Fifi » (Albin Michel et Conard), dans le tome III de la Librairie de France et le tome II de l'édition Schmidt-Delaisement.

1. Chacun de ces qualificatifs, en gradation ascendante, correspond exactement à l'état de Paris pendant le siège de 1871. — 2. L'*uniforme* de garde national. — 3. Ce nom est à rapprocher de celui de Patissot, personnage figurant dans *les Dimanches d'un bourgeois de Paris*. — 4. *Pantouflard par occasion* : le terme est familier, mais porte en lui tout le contenu du récit. Il suffira à Morissot d'une « occasion » pour devenir un héros. — 5. *L'île Marante* ou île de Colombes est située sur la Seine, entre Argenteuil et Colombes.

causaient; mais ils s'entendaient admirablement sans rien
25 dire, ayant des goûts semblables et des sensations iden-
tiques.

Au printemps, le matin, vers dix heures, quand le soleil
rajeuni faisait flotter sur le fleuve tranquille cette petite
buée qui coule avec l'eau, et versait dans le dos des deux
30 enragés pêcheurs une bonne chaleur de saison nouvelle,
Morissot parfois disait à son voisin : « Hein! quelle douceur! » et M. Sauvage répondait : « Je ne connais rien de
meilleur. » Et cela leur suffisait pour se comprendre et
s'estimer.

35 A l'automne, vers la fin du jour, quand le ciel, ensan-
glanté par le soleil couchant, jetait dans l'eau des figures
de nuages écarlates, empourprait le fleuve entier, enflam-
mait l'horizon, faisait rouges comme du feu les deux amis,
et dorait les arbres roussis déjà, frémissants d'un frisson
40 d'hiver [1], M. Sauvage regardait en souriant Morissot et
prononçait : « Quel spectacle! » Et Morissot émerveillé

● **« Une seconde verte »** (l. 56)

Une photographie de Verlaine (Collection Sirot), reproduite par
M. Jacques-Henry Bornecque dans son *Verlaine par lui-même*
(Seuil), montre le poète au café François Ier, assis devant un verre
d'absinthe. Cette boisson était alors en vogue.
Sous le nº 1256 du catalogue du Salon de 1895 on trouve un
tableau de A. Maignan intitulé *la Muse verte : l'absinthe;* dans le
désordre d'une mansarde au poêle éteint, un jeune homme, le
regard vague, est enlacé par une figure féminine dont le corps
nuageux sort d'une bouteille brisée; sur la table, encombrée de
papiers, un verre plein d'un liquide trouble...

① Comment Maupassant trouve-t-il le moyen d'évoquer l'avant-
guerre? Les personnages ne prennent-ils pas un relief qu'ils
n'auraient jamais eu en une période normale?

② Montrer la complicité de la nature dans ce passage. L'hiver
ne fait-il pas lever, chez les deux héros, des images printanières?

③ En quoi l'atmosphère rappelle-t-elle celle de certains *Contes
du Lundi* (Alphonse Daudet)?

④ Les écrivains qui ont relaté le siège de Paris se sont montrés
beaucoup moins délicats que Maupassant. On peut comparer la
formule très sobre (l. 2) *les égouts se dépeuplaient* aux descriptions
fort réalistes des nourritures infâmes que durent consommer les
Parisiens.

---

1. Ces évocations de nature sont dues à l'auteur et non aux personnages.

répondait, sans quitter des yeux son flotteur : « Cela vaut mieux que le boulevard, hein ? »

45 Dès qu'ils se furent reconnus, ils se serrèrent les mains énergiquement, tout émus de se retrouver en des circonstances si différentes. M. Sauvage, poussant un soupir, murmura : « En voilà des événements ! » Morissot, très morne, gémit : « Et quel temps ! C'est aujourd'hui le premier beau jour de l'année. »

50 Le ciel était, en effet, tout bleu et plein de lumière.

Ils se mirent à marcher côte à côte, rêveurs et tristes. Morissot reprit : « Et la pêche ? hein ! quel bon souvenir ! »

M. Sauvage demanda : « Quand y retournerons-nous ? »

Ils entrèrent dans un petit café et burent ensemble une 55 absinthe; puis ils se remirent à se promener sur les trottoirs.

Morissot s'arrêta soudain : « Une seconde verte [1], hein ? » M. Sauvage y consentit : « A votre disposition. » Et ils pénétrèrent chez un autre marchand de vins.

Ils étaient fort étourdis en sortant, troublés comme des 60 gens à jeun dont le ventre est plein d'alcool. Il faisait doux. Une brise caressante leur chatouillait le visage.

M. Sauvage, que l'air tiède achevait de griser, s'arrêta : « Si on y allait ? »

— Où ça ?

65 — A la pêche, donc.

— Mais où ?

— Mais à notre île. Les avant-postes français sont auprès de Colombes. Je connais le colonel Dumoulin; on nous laissera passer facilement. »

70 Morissot frémit de désir : « C'est dit. J'en suis. » Et ils se séparèrent pour prendre leurs instruments.

Une heure après, ils marchaient côte à côte sur la grand' route. Puis ils gagnèrent la villa qu'occupait le colonel. Il sourit de leur demande et consentit à leur fantaisie. Ils 75 se remirent en marche, munis d'un laissez-passer.

Bientôt ils franchirent les avant-postes, traversèrent Colombes abandonné, et se trouvèrent au bord des petits champs de vigne [2] qui descendent vers la Seine. Il était environ onze heures.

---

1. Nom familier de l'absinthe, qui était alors un des alcools les plus appréciés. — 2. Les vignobles parisiens subsistèrent jusqu'à la fin du siècle dernier. Par tradition, la « commune » de Montmartre a conservé le sien.

80   En face, le village d'Argenteuil semblait mort. Les hauteurs d'Orgemont et de Sannois dominaient tout le pays. La grande plaine qui va jusqu'à Nanterre était vide, toute vide, avec ses cerisiers nus et ses terres grises.

M. Sauvage, montrant du doigt les sommets, murmura :
85 « Les Prussiens [1] sont là-haut ! » Et une inquiétude paralysait les deux amis devant ce pays désert.

« Les Prussiens ! » Ils n'en avaient jamais aperçu, mais ils les sentaient là depuis des mois, autour de Paris, ruinant la France, pillant, massacrant, affamant, invisibles et tout-
90 puissants. Et une sorte de terreur superstitieuse s'ajoutait à la haine qu'ils avaient pour ce peuple inconnu et victorieux.

Morissot balbutia : « Hein ! si nous allions en rencontrer ? »
95 M. Sauvage répondit, avec cette gouaillerie parisienne reparaissant malgré tout :

« Nous leur offririons une friture. »

Mais ils hésitaient à s'aventurer dans la campagne, intimidés par le silence de tout l'horizon [2].
100 A la fin, M. Sauvage se décida : « Allons, en route ! mais avec précaution. » Et ils descendirent dans un champ de vigne, courbés en deux, rampant, profitant des buissons pour se couvrir, l'œil inquiet, l'oreille tendue.

Une bande de terre nue restait à traverser pour gagner le
105 bord du fleuve. Ils se mirent à courir ; et dès qu'ils eurent atteint la berge, ils se blottirent dans les roseaux secs.

Morissot colla sa joue par terre pour écouter si on ne marchait pas dans les environs. Il n'entendit rien. Ils étaient bien seuls, tout seuls.
110 Ils se rassurèrent et se mirent à pêcher.

En face d'eux, l'île Marante abandonnée les cachait à l'autre berge. La petite maison du restaurant était close, semblait délaissée depuis des années.

---

1. Ce n'est qu'à partir de 1871 que se réalise complètement l'unité de l'Allemagne au profit de la Prusse. Le nom de *Prussiens* devait rester pendant de longues années, pour les Français, le symbole de la guerre de conquête et de pillage, et il fallut la guerre de 1914-1918 pour que l'on s'habituât à parler des « Allemands ». — 2. On peut noter ici l'art de Maupassant pour donner un cadre sobre et évocateur à son récit. C'est de ce décor que prennent leur relief les deux personnages hésitants et timides qui seront, malgré eux, des héros.

M. Sauvage prit le premier goujon. Morissot attrapa le
115 second, et d'instant en instant ils levaient leurs lignes avec
une petite bête argentée frétillant au bout du fil : Une vraie
pêche miraculeuse.

Ils introduisaient délicatement les poissons dans une
poche de filet à mailles très serrées, qui trempait à leurs
120 pieds. Et une joie délicieuse les pénétrait, cette joie qui vous
saisit quand on retrouve un plaisir aimé dont on est privé
depuis longtemps.

Le bon soleil leur coulait sa chaleur entre les épaules; ils
n'écoutaient plus rien; ils ne pensaient plus à rien; ils igno-
125 raient le reste du monde; ils pêchaient.

Mais soudain un bruit sourd qui semblait venir de sous
terre fit trembler le sol. Le canon se remettait à tonner.

Morissot tourna la tête, et par-dessus la berge il aperçut,
là-bas, sur la gauche, la grande silhouette du Mont Valé-
130 rien [1], qui portait au front une aigrette blanche, une buée de
poudre qu'il venait de cracher.

Et aussitôt un second jet de fumée partit du sommet de la
forteresse; et quelques instants après une nouvelle détonation gronda.

135 Puis d'autres suivirent, et de moment en moment, la
montagne jetait son haleine de mort, soufflait ses vapeurs
laiteuses qui s'élevaient lentement dans le ciel calme,
faisaient un nuage au-dessus d'elle.

M. Sauvage haussa les épaules : « Voilà qu'ils recom-
140 mencent », dit-il.

Morissot, qui regardait anxieusement plonger coup sur
coup la plume de son flotteur, fut pris soudain d'une colère
d'homme paisible contre ces enragés qui se battaient ainsi,
et il grommela : « Faut-il être stupide pour se tuer comme
145 ça! »

M. Sauvage reprit : « C'est pis que des bêtes. »

Et Morissot, qui venait de saisir une ablette, déclara :
« Et dire que ce sera toujours ainsi tant qu'il y aura des
gouvernements. »

---

1. Ce mont de 130 m d'altitude, qui domine Suresnes entre les routes de Versailles et de
Saint-Germain, avait été un lieu de pèlerinage jusqu'à la Révolution. On y construisit
un fort entre 1841 et 1843. Ce fort joua un rôle important pendant la guerre de 1870,
pendant la Commune et pendant la guerre de 1939-1945. Il est devenu un lieu sacré de la
« Résistance ».

150　　　M. Sauvage l'arrêta : « La République n'aurait pas
déclaré la guerre... »

Morissot l'interrompit : « Avec les rois on a la guerre au
dehors; avec la République on a la guerre au dedans. »

Et tranquillement ils se mirent à discuter, débrouillant
155　les grands problèmes politiques avec une raison saine [1]
d'hommes doux et bornés, tombant d'accord sur ce point,
qu'on ne serait jamais libres. Et le Mont Valérien tonnait
sans repos, démolissant à coups de boulet des maisons
françaises, broyant des vies, écrasant des êtres, mettant
160　fin à bien des rêves, à bien des joies attendues, à bien des
bonheurs espérés, ouvrant en des cœurs de femmes, en des
cœurs de filles, en des cœurs de mères, là-bas, en d'autres
pays, des souffrances qui ne finiraient plus [2].

« C'est la vie », déclara M. Sauvage.
165　　　« Dites plutôt que c'est la mort », reprit en riant Morissot.

● **L'art de Maupassant**

La description du mont Valérien (l. 128-131), personnifié *(front,
cracher)* et comme dessiné par un peintre *(aigrette, buée)*, est
faite par l'auteur beaucoup plus que par ses personnages, individus assez communs et, de surcroît, trop partagés entre la peur
d'être surpris et la joie de la pêche pour avoir la possibilité de se
montrer artistes.
Il y a une ironie attendrie dans la structure même de la scène.
Le conteur devient vraiment le maître du destin, mais rien n'est
suggéré, tout *est.*

① La banalité des propos échangés entre M. Morissot et
M. Sauvage n'est pas gratuite. Quel effet de contraste produit-elle
avec la suite du récit?

② Relever les aphorismes qui auraient pu figurer dans le
Dictionnaire des idées reçues de Flaubert.

③ Maupassant a pris soin de donner à ses deux amis des opinions
politiques différentes. Ainsi se dégage une leçon de leur parfaite
entente. Laquelle?

---

1. Cette sorte de résignation où Maupassant voit un signe de sagesse est, au fond, un
aspect de son pessimisme. — 2. Il y a, dans cette phrase, une grandiloquence et une émotion
assez peu naturalistes.

Mais ils tressaillirent effarés, sentant bien qu'on venait de marcher derrière eux ; et ayant tourné les yeux, ils aperçurent, debout contre leurs épaules, quatre hommes, quatre grands hommes armés et barbus, vêtus comme des domes-
170 tiques en livrée et coiffés de casquettes plates, les tenant en joue au bout de leurs fusils.

Les deux lignes s'échappèrent de leurs mains et se mirent à descendre la rivière.

En quelques secondes, ils furent saisis, attachés,
175 emportés, jetés dans une barque et passés dans l'île.

Et derrière la maison qu'ils avaient crue abandonnée, ils aperçurent une vingtaine de soldats allemands [1].

Une sorte de géant velu, qui fumait, à cheval sur une chaise, une grande pipe de porcelaine, leur demanda, en
180 excellent français : « Eh bien, Messieurs, avez-vous fait bonne pêche ? »

Alors un soldat déposa aux pieds de l'officier le filet plein de poissons, qu'il avait eu soin d'emporter. Le Prussien sourit : « Eh ! eh ! je vois que ça n'allait pas mal. Mais il
185 s'agit d'autre chose. Écoutez-moi et ne vous troublez pas.

» Pour moi, vous êtes deux espions envoyés pour me guetter. Je vous prends et je vous fusille. Vous faisiez semblant de pêcher, afin de mieux dissimuler vos projets. Vous êtes tombés entre mes mains, tant pis pour vous ; c'est la
190 guerre.

» Mais comme vous êtes sortis par les avant-postes, vous avez assurément un mot d'ordre pour rentrer. Donnez-moi ce mot d'ordre et je vous fais grâce. »

Les deux amis, livides, côte à côte, les mains agitées d'un
195 léger tremblement nerveux, se taisaient.

L'officier reprit : « Personne ne le saura jamais, vous rentrerez paisiblement. Le secret disparaîtra avec vous. Si vous refusez, c'est la mort, et tout de suite. Choisissez [2]. »

Ils demeuraient immobiles sans ouvrir la bouche.
200 Le Prussien, toujours calme, reprit en étendant la main vers la rivière : « Songez que dans cinq minutes vous serez au fond de cette eau. Dans cinq minutes ! Vous devez avoir des parents ? »

---

1. A rapprocher de *Ils étaient bien seuls, tout seuls* (l. 108) : Maupassant sait préparer les coups de théâtre. — 2. *Choisissez* : noter l'importance de ce petit mot.

Le Mont Valérien tonnait toujours.

205   Les deux pêcheurs restaient debout et silencieux. L'Allemand donna des ordres dans sa langue. Puis il changea sa chaise de place pour ne pas se trouver trop près des prisonniers; et douze hommes vinrent se placer à vingt pas, le fusil au pied.

210   L'officier reprit : « Je vous donne une minute, pas deux secondes de plus. »

Puis il se leva brusquement, s'approcha des deux Français, prit Morissot sous le bras, l'entraîna plus loin, lui dit à voix basse : « Vite, ce mot d'ordre? Votre camarade ne
215   saura rien, j'aurai l'air de m'attendrir. »

Morissot ne répondit rien.

Le Prussien entraîna alors M. Sauvage et lui posa la même question.

M. Sauvage ne répondit pas.

220   Ils se retrouvèrent côte à côte.

Et l'officier se mit à commander. Les soldats élevèrent leurs armes.

Alors le regard de Morissot tomba par hasard sur le filet plein de goujons, resté dans l'herbe, à quelques pas de lui.
225   Un rayon de soleil faisait briller le tas de poissons qui s'agitaient encore. Et une défaillance l'envahit. Malgré ses efforts, ses yeux s'emplirent de larmes.

Il balbutia : « Adieu, monsieur Sauvage. »

M. Sauvage répondit : « Adieu, monsieur Morissot. »
230   Ils se serrèrent la main, secoués des pieds à la tête par d'invincibles tremblements.

L'officier cria : « Feu! »

Les douze coups n'en firent qu'un.

M. Sauvage tomba d'un bloc sur le nez. Morissot, plus
235   grand, oscilla, pivota et s'abattit en travers sur son camarade, le visage au ciel, tandis que des bouillons de sang s'échappaient de sa tunique crevée à la poitrine.

L'Allemand donna de nouveaux ordres.

Ses hommes se dispersèrent, puis revinrent avec des
240   cordes et des pierres qu'ils attachèrent aux pieds des deux morts; puis ils les portèrent sur la berge.

Le Mont Valérien ne cessait pas de gronder, coiffé maintenant d'une montagne de fumée.

Deux soldats prirent Morissot par la tête et par les
245   jambes; deux autres saisirent M. Sauvage de la même

façon. Les corps, un instant balancés avec force, furent lancés au loin, décrivirent une courbe, puis plongèrent, debout, dans le fleuve, les pierres entraînant les pieds d'abord.

250 L'eau rejaillit, bouillonna, frissonna, puis se calma, tandis que de toutes petites vagues s'en venaient jusqu'aux rives.

Un peu de sang flottait.

L'officier, toujours serein, dit à mi-voix : « C'est le tour
255 des poissons maintenant [1]. »

Puis il revint vers la maison.

Et soudain il aperçut le filet aux goujons dans l'herbe. Il le ramassa, l'examina, sourit, cria : « Wilhelm! »

Un soldat accourut, en tablier blanc. Et le Prussien, lui
260 jetant la pêche des deux fusillés, commanda : « Fais-moi frire tout de suite ces petits animaux-là pendant qu'ils sont encore vivants. Ce sera délicieux. »

Puis il se remit à fumer sa pipe [2].

(24 mars 1883.)

● **La guerre**

Le sacrifice des deux héros peut paraître inutile : ils sont fusillés et leur cadavre jeté à l'eau. Dans *le Père Milon*, un vieux paysan est fusillé de la même façon par les Prussiens; mais lui, au moins, a lutté contre l'ennemi en lui tuant des soldats, et sa mort a pour témoins ses enfants et petits-enfants, qui n'oublieront pas. Noter ici la gratuité absolue de cette double mort.

La « littérature de guerre », celle de 1914 comme celle de 1939, est abondante en exemples de sobriété du même genre. On trouve ainsi le même refus de scènes à effet, le même mélange d'esprit de sacrifice et de petits détails matériels chez les héros d'Armand Lanoux : François, dans *le Commandant Watrin*, ou Leclerc dans *Quand la mer se retire*.

① Les Prussiens vus par les Français après la défaite : il y a ici à la fois un portrait physique et un portrait moral. Cela vous fait-il penser à d'autres contes? Certains traits ne rappellent-ils pas les caricatures satiriques de Hansi?

② Étudier la sobriété du style dans le récit du drame et montrer la cruauté de la conclusion.

---

1. Ce n'est même pas de l'ironie mais bien de l'impassibilité cruelle. — 2. Cette simple notation suffit à décrire, mieux que n'importe quel commentaire, la cruauté du Prussien.

Le mont Valérien avec tiré de canon,
dessin aquarellé de E. Benassit

« ... la grande silhouette du mont Valérien, qui portait au
front une aigrette blanche, une buée de poudre qu'il venait
de cracher. » (Deux Amis, l. 129-131).

II. LES PARISIENS

MADEMOISELLE PERLE

I

Quelle singulière idée j'ai eue, vraiment, ce soir-là, de choisir pour reine Mlle Perle.

Je vais tous les ans faire [1] les Rois chez mon vieil ami Chantal. Mon père, dont il était le plus intime camarade, m'y conduisit quand j'étais enfant. J'ai continué, et je continuerai sans doute tant que je vivrai, et tant qu'il y aura un Chantal en ce monde.

Les Chantal, d'ailleurs, ont une existence singulière; ils vivent à Paris comme s'ils habitaient Grasse, Yvetot ou Pont-à-Mousson [2].

Ils possèdent, auprès de l'Observatoire [3], une maison dans un petit jardin. Ils sont chez eux, là, comme en province. De Paris, du vrai Paris, ils ne connaissent rien, ils ne soupçonnent rien; ils sont si loin! si loin! Parfois, cependant, ils y font un voyage, un long voyage. Mme Chantal va aux grandes provisions, comme on dit dans la famille. Voici comment on va aux grandes provisions.

Mlle Perle, qui a les clefs des armoires de cuisine (car les armoires au linge sont administrées par la maîtresse elle-même), Mlle Perle prévient que le sucre touche à sa fin, que les conserves sont épuisées, qu'il ne reste plus grand' chose au fond du sac à café.

Ce conte parut dans le Supplément littéraire du « Figaro » du 16 janvier 1886. Il figure dans le volume intitulé « la Petite Roque » (Albin Michel et Conard), dans le tome VIII de la Librairie de France et le tome II de l'édition Schmidt-Delaisement.

1. On dit plus volontiers « tirer *les Rois* ». — 2. Le choix de ces noms est curieux : *Grasse* est dans le Midi, *Yvetot* à l'Ouest et *Pont-à-Mousson* à l'Est. Ils résument donc toute la province. Maupassant a fréquenté Grasse, été élève au séminaire d'Yvetot, et il a risqué des poursuites en justice pour avoir publié un poème licencieux dans l'*Almanach de Pont-à-Mousson*. — 3. Quartier calme, voisin du Luxembourg.

Ainsi mise en garde contre la famine, Mme Chantal passe l'inspection des restes, en prenant des notes sur un calepin. ^25 Puis, quand elle a inscrit beaucoup de chiffres, elle se livre d'abord à de longs calculs et ensuite à de longues discussions avec Mlle Perle. On finit cependant par se mettre d'accord et par fixer les quantités de chaque dose dont on se pourvoira pour trois mois : sucre, riz, pruneaux, café, ^30 confitures, boîtes de petits pois, de haricots, de homard, poissons salés ou fumés, etc., etc.

Après quoi, on arrête le jour des achats et on s'en va, en fiacre, dans un fiacre à galerie [1], chez un épicier considérable qui habite au delà des ponts, dans les quartiers neufs [2]. ^35 Mme Chantal et Mlle Perle font ce voyage ensemble, mystérieusement, et reviennent à l'heure du dîner, exténuées, bien qu'émues [3] encore, et cahotées dans le coupé, dont le toit est couvert de paquets et de sacs, comme une voiture de déménagement.

^40 Pour les Chantal, toute la partie de Paris située de l'autre côté de la Seine constitue les quartiers neufs, quartiers habités par une population singulière, bruyante, peu honorable, qui passe les jours en dissipations, les nuits en fêtes, et qui jette l'argent par les fenêtres. De temps ^45 en temps cependant, on mène les jeunes filles au théâtre,

---

● **Mademoiselle Perle**

① Montrer comment les personnages sont présentés, chacun selon sa personnalité propre : le père, la mère, les deux filles, indissociables et fondues en un vague personnage falot (voir plus loin, l. 128-130). De Mademoiselle Perle, qui est pourtant l'héroïne du récit, nous ne savons rien. Pourquoi?

② Ce récit aurait pu figurer dans les *Scènes de la vie de province* (S. L. B.). Cependant, il présente des aspects bien parisiens. Lesquels? Quels aspects de l'histoire de Paris apparaissent ici? La famille Chantal est-elle une exception?

③ Étudier la force des traditions et leur saveur.

---

1. Fiacre ayant une *galerie* sur le toit (l. 38), comme aujourd'hui les autocars transportant des bagages : on organise une véritable expédition. — 2. Il s'agit vraisemblablement des *quartiers* créés par le baron Haussman et où les parents de Marcel Proust habitaient. Madame Chantal et Mademoiselle Perle franchissent les ponts pour passer de la rive gauche à la rive droite. — 3. La concessive elliptique marque à merveille les réactions des héroïnes du conte et — surtout — l'ironie de l'auteur.

à l'Opéra-Comique ou au Français, quand la pièce est recommandée par le journal que lit M. Chantal.

Les jeunes filles ont aujourd'hui dix-neuf et dix-sept ans; ce sont deux belles filles, grandes et fraîches, très bien
50 élevées, trop bien élevées, si bien élevées qu'elles passent inaperçues comme deux jolies poupées. Jamais l'idée ne me viendrait de faire attention ou de faire la cour aux demoiselles Chantal; c'est à peine si on ose leur parler, tant on les sent immaculées; on a presque peur d'être inconve-
55 nant en les saluant [1].

Quant au père, c'est un charmant homme, très instruit, très ouvert, très cordial, mais qui aime avant tout le repos, le calme, la tranquillité, et qui a fortement contribué à momifier ainsi sa famille pour vivre à son gré, dans une
60 stagnante immobilité. Il lit beaucoup, cause volontiers, et s'attendrit facilement. L'absence de contacts, de coudoiements et de heurts a rendu très sensible et délicat son épiderme, son épiderme moral. La moindre chose l'émeut, l'agite et le fait souffrir.
65 Les Chantal ont des relations cependant, mais des relations restreintes, choisies avec soin dans le voisinage. Ils échangent aussi deux ou trois visites par an avec des parents qui habitent au loin.

Quant à moi, je vais dîner chez eux le 15 août et le jour
70 des Rois. Cela fait partie de mes devoirs comme la communion de Pâques pour les catholiques [2].

Le 15 août, on invite quelques amis, mais aux Rois, je suis le seul convive étranger.

II

Donc [3], cette année, comme les autres années, j'ai été
75 dîner chez les Chantal pour fêter l'Épiphanie.

Selon la coutume, j'embrassai M. Chantal, Mme Chantal et Mlle Perle, et je fis un grand salut à Mlles Louise et

---

1. Notation intéressante pour la psychologie de Maupassant par rapport à « la jeune fille » traditionnelle. — 2. Maupassant semble vouloir se ranger parmi les non catholiques. Cette position de libre-penseur est courante à l'époque. Pour les Chantal, le *15 août* représente peut-être moins l'Assomption que la fête de l'Empereur. — 3. Ce *donc* souligne l'inflexible logique de la tradition.

Pauline. On m'interrogea sur mille choses, sur les événements du boulevard, sur la politique, sur ce qu'on pensait
80 dans le public des affaires du Tonkin [1], et sur nos repré-
sentants [2]. Mme Chantal, une grosse dame, dont toutes
les idées me font l'effet d'être carrées à la façon des pierres
de taille, avait coutume d'émettre cette phrase comme
conclusion à toute discussion politique : « Tout cela est
85 de la mauvaise graine pour plus tard. » Pourquoi me suis-je
toujours imaginé que les idées de Mme Chantal sont
carrées? Je n'en sais rien; mais tout ce qu'elle dit prend
cette forme dans mon esprit : un carré, un gros carré avec
quatre angles symétriques. Il y a d'autres personnes dont
90 les idées me semblent toujours rondes et roulantes comme
des cerceaux. Dès qu'elles ont commencé une phrase sur
quelque chose, ça roule, ça va, ça sort par dix, vingt, cinquante idées rondes, des grandes et des petites que je vois
courir l'une derrière l'autre, jusqu'au bout de l'horizon.
95 D'autres personnes aussi ont des idées pointues... Enfin,
cela importe peu.

On se mit à table comme toujours, et le dîner s'acheva
sans qu'on eût dit rien à retenir.

Au dessert, on apporta le gâteau des Rois. Or, chaque
100 année, M. Chantal était roi. Était-ce l'effet d'un hasard
continu ou d'une convention familiale, je n'en sais rien,
mais il trouvait infailliblement la fève dans sa part de pâtis-
serie, et il proclamait reine Mme Chantal. Aussi, fus-je
stupéfait en sentant dans une bouchée de brioche quelque
105 chose de très dur qui faillit me casser une dent. J'ôtai doucement cet objet de ma bouche et j'aperçus une petite poupée
de porcelaine, pas plus grosse qu'un haricot. La surprise
me fit dire : « Ah! » On me regarda, et Chantal s'écria en
battant des mains : « C'est Gaston. C'est Gaston. Vive
110 le roi! vive le roi! »

Tout le monde reprit en chœur : « Vive le roi! » Et je
rougis jusqu'aux oreilles, comme on rougit souvent, sans
raison, dans les situations un peu sottes. Je demeurais les
yeux baissés, tenant entre deux doigts ce grain de faïence,
115 m'efforçant de rire et ne sachant que faire ni que dire,

1. C'est en janvier 1886 (date de la parution de cette nouvelle) que le *Tonkin*, en voie
de pacification, fut constitué en colonie. Mais, depuis deux ans, les affaires tonkinoises
défrayaient la chronique. — 2. Nos députés.

lorsque Chantal reprit : « Maintenant, il faut choisir une reine. »

Alors je fus atterré. En une seconde, mille pensées, mille
120 suppositions me traversèrent l'esprit. Voulait-on me faire
désigner une des demoiselles Chantal? Était-ce là un moyen
de me faire dire celle que je préférais? Était-ce une douce,
légère, insensible poussée des parents vers un mariage
possible? L'idée de mariage rôde sans cesse dans toutes
125 les maisons à grandes filles et prend toutes les formes, tous
les déguisements, tous les moyens. Une peur atroce de me
compromettre m'envahit, et aussi une extrême timidité,
devant l'attitude si obstinément correcte et fermée de
Mlles Louise et Pauline. Élire l'une d'elles au détriment
130 de l'autre, me sembla aussi difficile que de choisir entre
deux gouttes d'eau; et puis, la crainte de m'aventurer dans
une histoire où je serais conduit au mariage malgré moi,
tout doucement, par des procédés aussi discrets, aussi
inaperçus et aussi calmes que cette royauté insignifiante,
me troublait horriblement.
135 Mais tout à coup, j'eus une inspiration, et je tendis à
Mlle Perle la poupée symbolique. Tout le monde fut
d'abord surpris, puis on apprécia sans doute ma délicatesse
et ma discrétion, car on applaudit avec furie. On criait :
« Vive la reine! vive la reine! »
140 Quant à elle, la pauvre vieille fille, elle avait perdu toute
contenance; elle tremblait, effarée, et balbutiait : « Mais
non... mais non... mais non... pas moi... je vous en prie...
pas moi... je vous en prie... »

Alors, pour la première fois de ma vie, je regardai
145 Mlle Perle, et je me demandai ce qu'elle était.

J'étais habitué à la voir dans cette maison, comme on voit
les vieux fauteuils de tapisserie sur lesquels on s'assied
depuis son enfance sans y avoir jamais pris garde. Un jour,
on ne sait pourquoi, parce qu'un rayon de soleil tombe
150 sur le siège, on se dit tout à coup : « Tiens, mais il est fort
curieux, ce meuble »; et on découvre que le bois a été travaillé par un artiste, et que l'étoffe est remarquable. Jamais
je n'avais pris garde à Mlle Perle.

Elle faisait partie de la famille Chantal, voilà tout; mais
155 comment? à quel titre? — C'était une grande personne
maigre qui s'efforçait de rester inaperçue, mais qui n'était
pas insignifiante. On la traitait amicalement, mieux qu'une

femme de charge, moins bien qu'une parente. Je saisissais
tout à coup, maintenant, une quantité de nuances dont je ne
160 m'étais point soucié jusqu'ici! Mme Chantal disait :
« Perle. » Les jeunes filles : « Mlle Perle », et Chantal ne
l'appelait que Mademoiselle, d'un air plus révérend peut-
être.

Je me mis à la regarder. — Quel âge avait-elle? Qua-
165 rante ans? Oui, quarante ans. — Elle n'était pas vieille,
cette fille, elle se vieillissait. Je fus soudain frappé par cette
remarque. Elle se coiffait, s'habillait, se parait ridicule-
ment, et, malgré tout, elle n'était point ridicule, tant elle
portait en elle de grâce simple, naturelle, de grâce voilée,
170 cachée avec soin. Quelle drôle de créature, vraiment! Comment ne l'avais-je jamais mieux observée? Elle se coiffait
d'une façon grotesque, avec de petits frisons [1] vieillots tout
à fait farces [2]; et, sous cette chevelure à la Vierge conservée, on voyait un grand front calme, coupé par deux rides
175 profondes, deux rides de longues tristesses, puis deux yeux
bleus, larges et doux, si timides, si craintifs, si humbles,
deux beaux yeux restés si naïfs, pleins d'étonnements de

● **Mademoiselle Perle**

Elle n'était pas vieille, cette fille, elle se vieillissait (l. 165). La
reprise de la même racine attire l'attention du lecteur non seulement sur le portrait physique de Mademoiselle Perle mais sur la
« clef » du récit : l'héroïne s'est, plus ou moins consciemment,
refusée à un amour partagé.

① Comment peut se justifier cette image (l. 85-91) : il y a des
gens dont les idées sont *carrées* et d'autres dont les idées sont
rondes?

② Maupassant est resté toute sa vie célibataire. Comment la
répugnance au mariage apparaît-elle sous le badinage amusé?

③ Montrer l'art de Maupassant pour conduire son récit. L'intérêt se trouve peu à peu centré sur Mademoiselle Perle qui se
dégage insensiblement de la grisaille environnante.

④ Qu'y a-t-il de tragique dans la phrase (l. 152) : *Jamais je
n'avais pris garde à Mlle Perle?*

---

1. Boucles de la coiffure, encore appréciées à la campagne, et qui donnent l'aspect d'un
mouton. — 2. Ridicules, plaisants. On utilise fréquemment, à l'époque naturaliste, le nom
farce comme adjectif.

fillette, de sensations jeunes et aussi de chagrins qui avaient
passé dedans, en les attendrissant, sans les troubler.

180 Tout le visage était fin et discret, un de ces visages qui se
sont éteints sans avoir été usés, ou fanés par les fatigues
ou les grandes émotions de la vie.

Quelle jolie bouche! et quelles jolies dents! Mais on eût
dit qu'elle n'osait pas sourire!

185 Et, brusquement, je la comparai à Mme Chantal! Certes,
Mlle Perle était mieux, cent fois mieux, plus fine, plus
noble, plus fière.

J'étais stupéfait de mes observations. On versait du
champagne. Je tendis mon verre à la reine, en portant sa
190 santé avec un compliment bien tourné. Elle eut envie, je
m'en aperçus, de se cacher la figure dans sa serviette; puis,
comme elle trempait ses lèvres dans le vin clair, tout le
monde cria : « La reine boit! la reine boit! » Elle devint
alors toute rouge et s'étrangla. On riait; mais je vis bien
195 qu'on l'aimait beaucoup dans la maison.

III

Dès que le dîner fut fini, Chantal me prit par le bras.
C'était l'heure de son cigare, heure sacrée. Quand il était
seul, il allait le fumer dans la rue; quand il avait quelqu'un
à dîner, on montait au billard, et il jouait en fumant. Ce
200 soir-là, on avait même fait du feu dans le billard [1], à cause
des Rois; et mon vieil ami prit sa queue, une queue très fine
qu'il frotta de blanc avec grand soin, puis il dit :

« A toi, mon garçon! »

Car il me tutoyait, bien que j'eusse vingt-cinq ans, mais
205 il m'avait vu tout enfant.

Je commençai donc la partie; je fis quelques carambo-
lages [2]; j'en manquai quelques autres; mais comme la pensée de Mlle Perle me rôdait dans la tête, je demandai tout à
coup :
210 « Dites donc, monsieur Chantal, est-ce que Mlle Perle
est votre parente? »

---

1. *Billard* pour : salle de billard. C'est la figure de rhétorique appelée métonymie. —
2. En termes de billard : toucher la boule rouge et celle de son adversaire d'un seul coup.

Il cessa de jouer, très étonné, et me regarda.

« Comment, tu ne sais pas? tu ne connais pas l'histoire de Mlle Perle?

215   — Mais non.

— Ton père ne te l'a jamais raconté?

— Mais non.

— Tiens, tiens, que c'est drôle! ah! par exemple, que c'est drôle! Oh! mais, c'est tout une aventure! »

220   Il se tut, puis reprit :

« Et si tu savais comme c'est singulier que tu me demandes ça aujourd'hui, un jour des Rois!

— Pourquoi?

— Ah! pourquoi! Écoute. Voilà de cela quarante et un
225 ans, quarante et un ans aujourd'hui même, jour de l'Épiphanie. Nous habitions alors Roüy-le-Tors[1], sur les remparts; mais il faut d'abord t'expliquer la maison pour que tu comprennes bien. Roüy est bâti sur une côte, ou plutôt sur un mamelon qui domine un grand pays de
230 prairies. Nous avions là une maison avec un beau jardin suspendu, soutenu en l'air par les vieux murs de défense. Donc la maison était dans la ville, dans la rue, tandis que le jardin dominait la plaine. Il y avait aussi une porte de sortie de ce jardin sur la campagne, au bout d'un escalier
235 secret qui descendait dans l'épaisseur des murs, comme on en trouve dans les romans. Une route passait devant cette porte qui était munie d'une grosse cloche, car les paysans, pour éviter le grand tour, apportaient par là leurs provisions.

240   Tu vois bien les lieux, n'est-ce pas? Or, cette année-là, aux Rois, il neigeait depuis une semaine. On eût dit la fin du monde. Quand nous allions aux remparts regarder la plaine, ça nous faisait froid dans l'âme, cet immense pays blanc, tout blanc, glacé, et qui luisait comme du vernis.
245 On eût dit que le bon Dieu avait empaqueté la terre pour l'envoyer au grenier des vieux mondes. Je t'assure que c'était bien triste.

Nous demeurions en famille à ce moment-là, et nombreux, très nombreux : mon père, ma mère, mon oncle

---

1. Il n'y a pas de *Roüy-le-Tors* dans l'annuaire des communes, mais il y figure trois villages du nom de Roüy : Roüy-le-Petit et Roüy-le-Grand, dans la Somme, et Roüy dans la Nièvre.

250 et ma tante, mes deux frères et mes quatre cousines;
c'étaient de jolies fillettes; j'ai épousé la dernière. De tout
ce monde-là, nous ne sommes plus que trois survivants :
ma femme, moi, et ma belle-sœur qui habite Marseille.
Sacristi, comme ça s'égrène, une famille! ça me fait trembler
255 quand j'y pense! Moi, j'avais quinze ans, puisque j'en ai
cinquante-six.

Donc, nous allions fêter les Rois, et nous étions très gais,
très gais! Tout le monde attendait le dîner dans le salon,
quand mon frère aîné, Jacques, se mit à dire : « Il y a un
260 chien qui hurle dans la plaine depuis dix minutes, ça doit
être une pauvre bête perdue. »

Il n'avait pas fini de parler, que la cloche du jardin tinta.
Elle avait un gros son de cloche d'église qui faisait penser
aux morts. Tout le monde en frissonna. Mon père appela le
265 domestique et lui dit d'aller voir. On attendit en grand
silence; nous pensions à la neige qui couvrait toute la terre.
Quand l'homme revint, il affirma qu'il n'avait rien vu. Le
chien hurlait toujours, sans cesse, et sa voix ne changeait
point de place.

270 On se mit à table; mais nous étions un peu émus, surtout
les jeunes. Ça alla bien jusqu'au rôti, puis voilà que la cloche
se remet à sonner, trois fois de suite, trois grands coups,
longs, qui ont vibré jusqu'au bout de nos doigts et qui
nous ont coupé le souffle, tout net. Nous restions à nous
275 regarder, la fourchette en l'air, écoutant toujours, et saisis
d'une espèce de peur surnaturelle.

● **Mademoiselle Perle**

① Étudier la technique de l'introduction. Il y a là une banalité
acceptée et presque recherchée. Maupassant applique les principes mêmes qu'il a énoncés dans la préface de *Pierre et Jean*.

② Dégager l'importance des **choses** dans le passage. Elles
s'imposent à l'observateur et créent l'atmosphère. N'y aurait-il
pas ici un dépassement du naturalisme?

③ *Peur surnaturelle* (l. 276). Une telle peur se retrouve dans
de nombreux contes de Maupassant; voir par exemple : *Sur
l'eau* (p. 101, l. 84-177); *Un portrait* (p. 129, l. 139); et surtout
La Nuit (p. 156). Cette obsession n'est-elle pas le reflet de
préoccupations personnelles?

Ma mère enfin parla : « C'est étonnant qu'on ait attendu si longtemps pour revenir ; n'allez pas seul, Baptiste ; un de ces messieurs va vous accompagner. »

280   Mon oncle François se leva. C'était une espèce d'Hercule, très fier de sa force et qui ne craignait rien au monde. Mon père lui dit : « Prends un fusil. On ne sait pas ce que ça peut être. »

Mais mon oncle ne prit qu'une canne et sortit aussitôt 285 avec le domestique.

Nous autres, nous demeurâmes frémissants de terreur et d'angoisse, sans manger, sans parler. Mon père essaya de nous rassurer : « Vous allez voir, dit-il, que ce sera quelque mendiant ou quelque passant perdu dans la neige. Après 290 avoir sonné une première fois, voyant qu'on n'ouvrait pas tout de suite, il a tenté de retrouver son chemin, puis, n'ayant pu y parvenir, il est revenu à notre porte. »

L'absence de mon oncle nous parut durer une heure. Il revint enfin, furieux, jurant : « Rien, nom de nom, c'est un 295 farceur ! Rien que ce maudit chien qui hurle à cent mètres des murs. Si j'avais pris un fusil, je l'aurais tué pour le faire taire. »

On se remit à dîner, mais tout le monde demeurait anxieux ; on sentait bien que ce n'était pas fini, qu'il allait 300 se passer quelque chose, que la cloche, tout à l'heure, sonnerait encore.

Et elle sonna, juste au moment où l'on coupait le gâteau des Rois. Tous les hommes se levèrent ensemble. Mon oncle François, qui avait bu du champagne, affirma qu'il 305 allait LE [1] massacrer, avec tant de fureur, que ma mère et ma tante se jetèrent sur lui pour l'en empêcher. Mon père, bien que très calme et un peu impotent (il traînait la jambe depuis qu'il se l'était cassée en tombant de cheval), déclara à son tour qu'il voulait savoir ce que c'était, et qu'il irait. 310 Mes frères, âgés de dix-huit et de vingt ans, coururent chercher leurs fusils ; et comme on ne faisait guère attention à moi, je m'emparai d'une carabine de jardin et je me disposai aussi à accompagner l'expédition.

Elle partit aussitôt. Mon père et mon oncle marchaient 315 devant, avec Baptiste, qui portait une lanterne. Mes frères

---

1. Maupassant aime utiliser les majuscules pour désigner le Mystère ; ainsi *Lui* dans *le Horla* (voir p. 169, l. 281).

Jacques et Paul suivaient, et je venais derrière, malgré les
supplications de ma mère, qui demeurait avec sa sœur et
mes cousines sur le seuil de la maison.

320   La neige s'était remise à tomber depuis une heure; et les
arbres en étaient chargés. Les sapins pliaient sous ce lourd
vêtement livide [1], pareils à des pyramides blanches, à
d'énormes pains de sucre; et on apercevait à peine, à travers
le rideau gris des flocons menus et pressés, les arbustes plus
légers, tout pâles dans l'ombre. Elle tombait si épaisse, la
325   neige, qu'on y voyait tout juste à dix pas. Mais la lanterne
jetait une grande clarté devant nous. Quand on commença
à descendre par l'escalier tournant creusé dans la muraille,
j'eus peur, vraiment. Il me sembla qu'on marchait derrière
moi; qu'on allait me saisir par les épaules et m'emporter; et
330   j'eus envie de retourner; mais comme il fallait retraverser
tout le jardin, je n'osai pas.

Fentendis qu'on ouvrait la porte sur la plaine; puis mon
oncle se mit à jurer : « Nom d'un nom [2], il est reparti! Si
j'aperçois seulement son ombre, je ne le rate pas, ce c...-là. »
335   C'était sinistre de voir la plaine, ou, plutôt, de la sentir
devant soi, car on ne la voyait pas; on ne voyait qu'un voile
de neige sans fin, en haut, en bas, en face, à droite, à
gauche, partout.

Mon oncle reprit : « Tiens, revoilà le chien qui hurle; je
340   vas [3] lui apprendre comment je tire, moi. Ça sera toujours
ça de gagné. »

Mais mon père, qui était bon, reprit : « Il vaut mieux
l'aller chercher, ce pauvre animal qui crie la faim. Il aboie
au secours, ce misérable; il appelle comme un homme en
345   détresse. Allons-y. »

Et on se mit en route à travers ce rideau, à travers cette
tombée [4] épaisse, continue, à travers cette mousse qui
emplissait la nuit et l'air, qui remuait, flottait, tombait et
glaçait la chair en fondant, la glaçait comme elle l'aurait
350   brûlée, par une douleur vive et rapide sur la peau, à chaque
toucher des petits flocons blancs.

Nous enfoncions jusqu'aux genoux dans cette pâte molle

---

1. Ce terme, qui évoque une pâleur cadavérique, produit un contraste heureux
avec ce qui suit : la découverte d'un nouveau-né. — 2. Forme de juron familière chez
Maupassant, au lieu de : nom de nom. — 3. Forme familière pour : je vais. — 4. Noter
la valeur évocatrice de ce mot, dans son imprécision menaçante.

et froide; et il fallait lever très haut la jambe pour marcher.
A mesure que nous avancions, la voix du chien devenait
355 plus claire, plus forte. Mon oncle cria : « Le voici! » On
s'arrêta pour l'observer, comme on doit faire en face d'un
ennemi qu'on rencontre dans la nuit.

Je ne voyais rien, moi; alors, je rejoignis les autres, et je
l'aperçus; il était effrayant et fantastique à voir, ce chien,
360 un gros chien noir, un chien de berger à grands poils et à la
tête de loup, dressé sur ses quatre pattes, tout au long de la
longue traînée de lumière que faisait la lanterne sur la neige.
Il ne bougeait pas; il s'était tu; et il nous regardait [1].

Mon oncle dit : « C'est singulier, il n'avance ni ne recule.
365 J'ai bien envie de lui flanquer un coup de fusil. »

Mon père reprit d'une voix ferme : « Non, il faut le
prendre. »

Alors mon frère Jacques ajouta : « Mais il n'est pas seul.
Il y a quelque chose à côté de lui. »

370 Il y avait quelque chose derrière lui, en effet, quelque
chose de gris, d'impossible à distinguer. On se remit en
marche avec précaution.

En nous voyant approcher, le chien s'assit sur son
derrière.

375 Il n'avait pas l'air méchant. Il semblait plutôt content
d'avoir réussi à attirer des gens.

Mon père alla droit à lui et le caressa. Le chien lui lécha
les mains; et on reconnut qu'il était attaché à la roue d'une
petite voiture, d'une sorte de voiture joujou enveloppée
380 tout entière dans trois ou quatre couvertures de laine. On
enleva ces linges avec soin, et comme Baptiste approchait
sa lanterne de la porte de cette carriole qui ressemblait à
une niche roulante, on aperçut dedans un petit enfant qui
dormait.

385 Nous fûmes tellement stupéfaits que nous ne pouvions
dire un mot. Mon père se remit le premier, et comme il était
de grand cœur, et d'âme un peu exaltée [2], il étendit la main
sur le toit de la voiture et il dit : « Pauvre abandonné, tu

_____

1. Nous retrouvons ici le thème de la bête fantastique. — 2. Peut-être s'agit-il de vagues
souvenirs d'enfance, encore que Gustave de Maupassant n'ait pas laissé la réputation
d'un homme particulièrement sensible. Ce serait plutôt d'une certaine qualité d'atmosphère
qu'il s'agirait.

seras des nôtres! » Et il ordonna à mon frère Jacques de rou-
390 ler devant nous notre trouvaille.

Mon père reprit, pensant tout haut : « Quelque enfant
d'amour [1] dont la pauvre mère est venue sonner à ma porte
en cette nuit de l'Épiphanie, en souvenir de l'Enfant-Dieu. »

Il s'arrêta de nouveau, et, de toute sa force, il cria quatre
395 fois à travers la nuit vers les quatre coins du ciel : « Nous
l'avons recueilli! » Puis, posant sa main sur l'épaule de
son frère, il murmura : « Si tu avais tiré sur le chien,
François?... »

Mon oncle ne répondit pas, mais il fit, dans l'ombre, un
400 grand signe de croix, car il était très religieux, malgré ses
airs fanfarons.

On avait détaché le chien, qui nous suivait.

Ah! par exemple, ce qui fut gentil [2] à voir, c'est la rentrée
à la maison. On eut d'abord beaucoup de mal à monter la
405 voiture par l'escalier des remparts; on y parvint cependant
et on la roula jusque dans le vestibule.

Comme maman était drôle, contente et effarée! Et mes
quatre petites cousines (la plus jeune avait six ans), elles
ressemblaient à quatre poules autour d'un nid. On retira
410 enfin de sa voiture l'enfant qui dormait toujours. C'était une
fille, âgée de six semaines environ. Et on trouva dans ses
langes dix mille francs en or, oui, dix mille francs [3]! que
papa plaça pour lui faire une dot. Ce n'était donc pas une
enfant de pauvres... mais peut-être l'enfant de quelque
415 noble avec une petite bourgeoise de la ville... ou encore...
nous avons fait mille suppositions et on n'a jamais rien su...
mais là, jamais rien... jamais rien... Le chien lui-même ne
fut reconnu par personne. Il était étranger au pays. Dans
tous les cas, celui ou celle qui était venu sonner trois fois à
420 notre porte connaissait bien mes parents, pour les avoir
choisis ainsi.

Voilà donc comment Mlle Perle entra, à l'âge de six
semaines, dans la maison Chantal.

---

1. Enfant naturel. L'abandon de ces malheureux était encore fréquemment pratiqué. Zola s'intéresse à ce problème dans *Fécondité*. — 2. Cet adjectif un peu mièvre étonne : peut-être dissimule-t-il une ironie légère, destinée à masquer l'émotion du narrateur. — 3. La répétition et le point d'exclamation se justifient quand on songe qu'un kilogramme de pain valait alors 0,40 F. D'autre part, les appointements de Maupassant au Ministère de la Marine s'élevaient à 125 F par mois, plus une gratification annuelle de 150 F.

On ne la nomma que plus tard, Mlle Perle, d'ailleurs. On
425 la fit baptiser d'abord : « Marie, Simone, Claire », Claire
devant lui servir de nom de famille.

Je vous assure que ce fut une drôle de rentrée dans la
salle à manger avec cette mioche réveillée qui regardait
autour d'elle ces gens et ces lumières, de ses yeux vagues,
430 bleus et troubles.

On se remit à table et le gâteau fut partagé. J'étais roi;
et je pris pour reine Mlle Perle, comme vous, tout à l'heure.
Elle ne se douta guère, ce jour-là, de l'honneur qu'on lui
faisait.

435 Donc l'enfant fut adoptée, et élevée dans la famille. Elle
grandit; des années passèrent. Elle était gentille, douce,
obéissante. Tout le monde l'aimait et on l'aurait abomi-
nablement gâtée si ma mère ne l'eût empêché.

Ma mère était une femme d'ordre et de hiérarchie. Elle
440 consentait à traiter la petite Claire comme ses propres fils,
mais elle tenait cependant à ce que la distance qui
nous séparait fût bien marquée, et la situation bien
établie.

Aussi, dès que l'enfant put comprendre, elle lui fit con-
445 naître son histoire et fit pénétrer tout doucement, même
tendrement dans l'esprit de la petite, qu'elle était pour les
Chantal une fille adoptive, recueillie, mais en somme une
étrangère.

Claire comprit cette situation avec une singulière intel-
450 ligence, avec un instinct surprenant; et elle sut prendre et
garder la place qui lui était laissée, avec tant de tact, de grâce

---

● **Mademoiselle Perle**

① *Juste au moment ou l'on coupait le gâteau des Rois* (l. 302).
Qu'y a-t-il ici de symbolique?

② Relever les éléments de terreur du texte. Montrer ce que le
surnaturel du paysage ajoute à cette terreur.

③ Étudier le portrait du chien et montrer qu'il se modifie à
mesure que l'on fait connaissance avec l'animal. Comparer avec
le Loup (*Scènes de la vie de province*, p. 87).

④ Mettre en valeur l'ironie attendrie dans le récit de la découverte.

⑤ Dégager le contenu social du conte.

et de gentillesse, qu'elle touchait mon père à le faire
pleurer.

455 Ma mère elle-même fut tellement émue par la reconnais-
sance passionnée et le dévouement un peu craintif de cette
mignonne et tendre créature, qu'elle se mit à l'appeler :
« Ma fille. » Parfois quand la petite avait fait quelque chose
de bon, de délicat, ma mère relevait ses lunettes sur son
front, ce qui indiquait toujours une émotion chez elle et
460 elle répétait : « Mais c'est une perle, une vraie perle, cette
enfant ! » — Ce nom en resta à la petite Claire qui devint
et demeura pour nous Mlle Perle.

IV

M. Chantal se tut. Il était assis sur le billard, les pieds
ballants, et il maniait une boule de la main gauche, tandis
465 que de la droite il tripotait un linge qui servait à effacer les
points sur le tableau d'ardoise et que nous appelions « le
linge à craie ». Un peu rouge, la voix sourde, il parlait pour
lui maintenant, parti dans ses souvenirs, allant doucement,
à travers les choses anciennes et les vieux événements qui
470 se réveillaient dans sa pensée, comme on va, en se prome-
nant, dans les vieux jardins de famille où l'on fut élevé, et
où chaque arbre, chaque chemin, chaque plante, les houx
pointus, les lauriers qui sentent bon, les ifs dont la graine
rouge et grasse s'écrase entre les doigts, font surgir, à
475 chaque pas, un petit fait de notre vie passée, un de ces
petits faits insignifiants et délicieux qui forment le fond
même, la trame de l'existence [1].

Moi, je restais en face de lui, adossé à la muraille, les
mains appuyées sur ma queue de billard inutile.
480 Il reprit, au bout d'une minute : « Cristi, qu'elle était jolie
à dix-huit ans... et gracieuse... et parfaite... Ah ! la jolie...
jolie... jolie... et bonne... et brave... et charmante fille !...
Elle avait des yeux... des yeux bleus... transparents... clairs...
comme je n'en ai jamais vu de pareils... jamais ! »

1. Ce sont précisément ces *petits faits insignifiants* qui remontent à la mémoire de Maupassant et forment la trame de beaucoup de ses contes ou, plus exactement, de beaucoup de
ses notations intimistes. Parfois, cela peut tourner au drame d'une vie manquée, comme
c'est le cas de *Garçon, un bock !* (voir p. 55).

[485]   Il se tut encore. Je demandai : « Pourquoi ne s'est-elle
pas mariée? »

Il répondit, non pas à moi, mais à ce mot qui passait :
mariée.

« Pourquoi? Pourquoi? Elle n'a pas voulu... pas voulu.
[490] Elle avait pourtant trente mille francs de dot [1] et elle fut
demandée plusieurs fois... elle n'a pas voulu! Elle semblait
triste à cette époque-là. C'est quand j'épousai ma cousine,
la petite Charlotte, ma femme, avec qui j'étais fiancé depuis
six ans. »

[495]   Je regardais M. Chantal et il me semblait que je pénétrais
dans son esprit, que je pénétrais tout à coup dans un de ces
humbles et cruels drames des cœurs honnêtes [2], des cœurs
droits, des cœurs sans reproches, dans un de ces drames
inavoués, inexplorés, que personne n'a connu, pas même
[500] ceux qui en sont les muettes et résignées victimes.

Et, une curiosité hardie me poussant tout à coup, je
prononçai :

« C'est vous qui auriez dû l'épouser, monsieur Chantal? »

Il tressaillit, me regarda, et dit :

[505]   « Moi? épouser qui?

— Mlle Perle.

— Pourquoi ça?

— Parce que vous l'aimiez plus que votre cousine. »

Il me regarda avec des yeux étranges, ronds, effarés, puis
[510] il balbutia :

« Je l'ai aimée... moi?... comment? qui est-ce qui t'a dit
ça?...

— Parbleu, ça se voit... et c'est même à cause d'elle
que vous avez tardé si longtemps à épouser votre cousine
[515] qui vous attendait depuis six ans. »

Il lâcha la bille qu'il tenait de la main gauche, saisit à
deux mains le linge à craie, et, s'en couvrant le visage, se
mit à sangloter dedans. Il pleurait d'une façon désolante
et ridicule, comme pleure une éponge qu'on presse, par les
[520] yeux, le nez et la bouche en même temps. Et il toussait,
crachait, se mouchait dans le linge à craie, s'essuyait les
yeux, éternuait, recommençait à couler par toutes les fentes

---

1. Sur la valeur de l'argent, voir p. 47, note 3. — 2. Cette expression *humbles et
cruels drames des cœurs honnêtes...* ne conviendrait-elle pas à beaucoup des contes de
Maupassant?

de son visage, avec un bruit de gorge qui faisait penser aux gargarismes.

525   Moi, effaré, honteux, j'avais envie de me sauver et je ne savais plus que dire, que faire, que tenter.

Et soudain, la voix de Mme Chantal résonna dans l'escalier : « Est-ce bientôt fini, votre fumerie? »

J'ouvris la porte et je criai : « Oui, Madame, nous descen-
530 dons. »

Puis, je me précipitai vers son mari, et, le saisissant par les coudes : « Monsieur Chantal, mon ami Chantal, écoutez-moi; votre femme vous appelle, remettez-vous, remettez-vous vite, il faut descendre; remettez-vous. »

535   Il bégaya : « Oui... oui... je viens... pauvre fille!... je viens... dites-lui que j'arrive... »

Et il commença à s'essuyer consciencieusement la figure avec le linge qui, depuis deux ou trois ans, essuyait toutes les marques de l'ardoise, puis il apparut, moitié
540 blanc et moitié rouge, le front, le nez, les joues et le menton barbouillés de craie, et les yeux gonflés, encore pleins de larmes.

Je le pris par les mains et l'entraînai dans sa chambre en murmurant : « Je vous demande pardon, je vous
545 demande bien pardon, monsieur Chantal, de vous avoir fait de la peine... mais... je ne savais pas... vous... vous comprenez... »

Il me serra la main : « Oui... oui... il y a des moments difficiles... »

550   Puis il se plongea la figure dans sa cuvette. Quand il en sortit, il ne me parut pas encore présentable; mais j'eus l'idée d'une petite ruse. Comme il s'inquiétait, en se regardant la glace, je lui dis : « Il suffira de raconter que vous avez un grain de poussière dans l'œil, et vous pourrez
555 pleurer devant tout le monde autant qu'il vous plaira. »

Il descendit en effet, en se frottant les yeux avec son mouchoir. On s'inquiéta; chacun voulut chercher le grain de poussière qu'on ne trouva point, et on raconta des cas semblables où il était devenu nécessaire d'aller chercher le
560 médecin.

Moi, j'avais rejoint Mlle Perle et je la regardais, tourmenté par une curiosité ardente, une curiosité qui devenait une souffrance. Elle avait dû être bien jolie en effet, avec ses yeux doux, si grands, si calmes, si larges qu'elle avait

565 l'air de ne les jamais fermer, comme font les autres humains.
Sa toilette était un peu ridicule, une vraie toilette de vieille
fille, et la déparait sans la rendre gauche.

Il me semblait que je voyais en elle, comme j'avais vu
tout à l'heure dans l'âme de M. Chantal, que j'apercevais
570 d'un bout à l'autre cette vie humble, simple et dévouée;
mais un besoin me venait aux lèvres, un besoin harcelant
de l'interroger, de savoir si, elle aussi, l'avait aimé, lui;
si elle avait souffert comme lui de cette longue souffrance
secrète, aiguë, qu'on ne voit pas, qu'on ne sait pas, qu'on
575 ne devine pas, mais qui s'échappe la nuit, dans la solitude
de la chambre noire. Je la regardais, je voyais battre son
cœur sous son corsage à guimpe [1], et je me demandais si
cette douce figure candide avait gémi chaque soir, dans
l'épaisseur moite de l'oreiller, et sangloté, le corps secoué
580 de sursauts, dans la fièvre du lit brûlant.

Et je lui dis tout bas, comme font les enfants qui cassent
un bijou pour voir dedans : « Si vous aviez vu pleurer
M. Chantal tout à l'heure, il vous aurait fait pitié. »

Elle tressaillit : « Comment, il pleurait?
585   — Oh! oui, il pleurait!
    — Et pourquoi ça? »

Elle semblait très émue. Je répondis :
« A votre sujet.
    — A mon sujet?
590   — Oui. Il me racontait combien il vous avait aimée autrefois; et combien il lui en avait coûté d'épouser sa femme
au lieu de vous... »

Sa figure pâle me parut s'allonger un peu; ses yeux toujours ouverts, ses yeux calmes se fermèrent tout à coup, si
595 vite qu'ils semblaient être clos pour toujours. Elle glissa de
sa chaise sur le plancher et s'y affaissa doucement, lentement, comme aurait fait une écharpe tombée.

Je criai : « Au secours! au secours! Mˡˡᵉ Perle se trouve
mal! »
600 Mᵐᵉ Chantal et ses filles se précipitèrent, et comme on
cherchait de l'eau, une serviette et du vinaigre, je pris mon
chapeau et je me sauvai.

Je m'en allai à grands pas, le cœur secoué, l'esprit plein
de remords et de regrets. Et parfois aussi j'étais content;

---

1. Volant de tulle et de dentelle qui dépasse le haut du corsage et voile le décolleté.

605 il me semblait que j'avais fait une chose louable et nécessaire.

Je me demandais : « Ai-je eu tort? Ai-je eu raison? » Ils
avaient cela dans l'âme comme on garde du plomb dans
une plaie fermée. Maintenant ne seront-ils pas plus heu-
610 reux? Il était trop tard pour que recommençât leur torture
et assez tôt pour qu'ils s'en souvinssent avec attendris-
sement.

Et peut-être qu'un soir du prochain printemps, émus par
un rayon de lune tombé sur l'herbe, à leurs pieds, à travers
615 les branches, ils se prendront et se serreront la main en
souvenir de toute cette souffrance étouffée et cruelle; et
peut-être aussi que cette courte étreinte fera passer dans
leurs veines un peu de ce frisson qu'ils n'auront point
connu, et leur jettera, à ces morts ressuscités en une seconde,
620 la rapide et divine sensation de cette ivresse, de cette folie
qui donne aux amoureux plus de bonheur en un tressail-
lement, que n'en peuvent cueillir, en toute leur vie, les autres
hommes!

(16 janvier 1886.)

- **Vers la psychanalyse**

L'attitude du narrateur, qui fait prendre conscience de leur
amour réciproque à deux êtres qui l'ignoraient, peut faire penser
à la psychanalyse. Déjà, à la fin du XIXe siècle, l'intérêt se portait
vers les sujets médicaux et para-médicaux : « Notons que, dans
le cours des années 1885, 1886, 1887, parurent plus de soixante
ouvrages sur la névrose, l'obsession, l'hypnotisme et la suggestion » (note en tête du choix de variantes du *Horla*, édition
Conard).

« C'était le temps où tout Paris s'occupait des leçons de Charcot
à la Salpêtrière, où, dans les salons et dans les journaux, les
maladies de la personnalité, les troubles nerveux, l'hystérie,
fournissaient matière à discussion » (René Dumesnil, *Guy de
Maupassant*).

① Étudier la sensibilité de Maupassant et les moyens qu'il
emploie pour se dérober à tout ridicule de sensiblerie.

② Montrer qu'en dépit de cette sensibilité le narrateur est cruel :
comme font les enfants qui cassent un bijou pour voir dedans
(l. 581).

③ Quelle philosophie se dégage du récit? L'attitude de Gaston
paraît-elle, finalement, acceptable?

④ Imaginer un conte qui nous présente M. Chantal et Mlle Perle
quelques mois plus tard. Guéris? ou plus tourmentés que jamais?

GARÇON, UN BOCK !

A José Maria de Heredia [1]

Pourquoi suis-je entré, ce soir-là. dans cette brasserie ? Je n'en sais rien. Il faisait froid. Une fine pluie, une poussière d'eau voltigeait, voilait les becs de gaz d'une brume transparente, faisait luire les trottoirs que traversaient les
⁵ lueurs des devantures, éclairant la boue humide et les pieds sales des passants.

Je n'allais nulle part. Je marchais un peu après dîner. Je passai le Crédit Lyonnais, la rue Vivienne [2], d'autres rues encore. J'aperçus soudain une grande brasserie à
¹⁰ moitié pleine. J'entrai, sans aucune raison. Je n'avais pas soif.

D'un coup d'œil, je cherchai une place où je ne serais point trop serré, et j'allai m'asseoir à côté d'un homme qui me parut vieux et qui fumait une pipe de deux sous, en
¹⁵ terre, noire comme un charbon. Six ou huit soucoupes de verre, empilées sur la table devant lui, indiquaient le nombre de bocks qu'il avait absorbés déjà. Je n'examinai pas mon voisin. D'un coup d'œil j'avais reconnu un bockeur [3], un de ces habitués de brasserie qui arrivent le
²⁰ matin, quand on ouvre, et s'en vont le soir, quand on ferme. Il était sale, chauve du milieu du crâne, tandis que de longs cheveux gras, poivre et sel, tombaient sur le col de sa redingote. Ses habits trop larges semblaient avoir été faits au temps où il avait du ventre. On devinait que le pantalon
²⁵ ne tenait guère et que cet homme ne pouvait faire dix pas sans rajuster et retenir ce vêtement mal attaché. Avait-il un gilet ? La seule pensée des bottines et de ce qu'elles

Ce conte parut dans le « Gil Blas » du 1ᵉʳ janvier 1884. Il figure dans le volume intitulé « Miss Harriet » (Albin Michel et Conard), dans le tome IV de la Librairie de France et le tome II de l'édition Schmidt-Delaisement.

1. *Heredia* (1842-1905), poète Parnassien, auteur des *Trophées*. — 2. Dans le quartier de la Bourse, où toutes les banques importantes comme *le Crédit Lyonnais* ont une agence ou un siège central. — 3. Ce mot semble être un néologisme. Le mot *bock* dont il est dérivé, n'avait été introduit, pour désigner un verre de bière, qu'en 1857.

enfermaient me terrifia. Les manchettes effiloquées[1]
étaient complètement noires du bord, comme les ongles.
30   Dès que je fus assis à son côté, ce personnage me dit
d'une voix tranquille : « Tu vas bien? »
      Je me tournai vers lui d'une secousse et je le dévisageai.
Il reprit : « Tu ne me reconnais pas?
      — Non!
35   — Des Barrets. »
      Je fus stupéfait. C'était le comte Jean des Barrets, mon
ancien camarade de collège.
      Je lui serrai la main, tellement interdit que je ne trouvais
rien à dire.
40   Enfin, je balbutiai : « Et toi, tu vas bien? »
      Il répondit placidement : « Moi, comme je peux. »
      Il se tut, je voulus être aimable, je cherchai une phrase :
« Et... qu'est-ce que tu fais? »
      Il répliqua avec résignation : « Tu vois. »
45   Je me sentis rougir. J'insistai : « Mais tous les jours? »
      Il prononça, en soufflant d'épaisses bouffées de fumée :
« Tous les jours c'est la même chose. »
      Puis, tapant sur le marbre de la table avec un sou qui
traînait, il s'écria : « Garçon, deux bocks! »
50   Une voix lointaine répéta : « Deux bocks au quatre! »
Une autre voix plus éloignée encore lança un « Voilà! »
suraigu. Puis un homme en tablier blanc apparut, portant
les deux bocks dont il répandait, en courant, les gouttes
jaunes sur le sol sablé[2].

- **La brasserie**

  ① Pourquoi Maupassant souligne-t-il la « gratuité » de son
  entrée dans la brasserie?

  ② Avant d'être présenté, le triste héros de ce conte est esquissé.
  Cette technique vous semble-t-elle apporter quelque chose à la
  psychologie du personnage?

  ③ Il y a d'abord un fond de tableau : la brasserie; puis une
  présentation du comte Jean des Barrets; puis, à nouveau, la
  brasserie. Montrer que, de la sorte, tout se passe dans un univers
  clos, étouffant, presque kafkéen.

---

1. Forme assez peu usitée pour : effilochées (réduites à l'état d'ouate). — 2. C'était
l'usage de répandre du sable (ou de la sciure de bois) sur le sol des cafés pour faciliter,
de manière peu hygiénique d'ailleurs, le nettoyage.

55   Des Barrets vida d'un trait son verre et le reposa sur la table, pendant qu'il aspirait la mousse restée en ses moustaches.

    Puis il demanda : « Et quoi de neuf? »

    Je ne savais rien de neuf à lui dire, en vérité. Je balbutiai :
60 « Mais rien, mon vieux. Moi je suis commerçant. »

    Il prononça de sa voix toujours égale : « Et... ça t'amuse [1] ? *ne s'intéresse pas aux activités utiles*

    — Non, mais que veux-tu? Il faut bien faire quelque chose!

65   — Pourquoi ça?

    — Mais... pour s'occuper.

    — A quoi ça sert-il? Moi, je ne fais rien, comme tu vois, jamais rien. Quand on n'a pas le sou, je comprends qu'on travaille. Quand on a de quoi vivre, c'est inutile. A quoi
70 bon travailler? Le fais-tu pour toi ou pour les autres? Si tu le fais pour toi, c'est que ça t'amuse, alors très bien; si tu le fais pour les autres, tu n'es qu'un niais. »

    Puis, posant sa pipe sur le marbre, il cria de nouveau : « Garçon, un bock! » et reprit : « ça me donne soif, de
75 parler. Je n'en ai pas l'habitude. Oui, moi, je ne fais rien, je me laisse aller, je vieillis. En mourant je ne regretterai rien. Je n'aurai pas d'autre souvenir que cette brasserie. Pas de femme, pas d'enfants, pas de soucis, pas de chagrins, rien. Ça vaut mieux. »

80   Il vida le bock qu'on lui avait apporté, passa sa langue sur ses lèvres et reprit sa pipe.

    Je le considérais avec stupeur. Je lui demandai :

    « Mais tu n'as pas toujours été ainsi?

    — Pardon, toujours, dès le collège.

85   — Ce n'est pas une vie, ça, mon bon. C'est horrible. Voyons, tu fais bien quelque chose, tu aimes quelque chose, tu as des amis.

    — Non. Je me lève à midi. Je viens ici, je déjeune, je bois des bocks, j'attends la nuit, je dîne, je bois des bocks; puis,
90 vers une heure et demie du matin, je retourne me coucher, parce qu'on ferme. C'est ce qui m'embête le plus. Depuis dix ans, j'ai bien passé six années sur cette banquette, dans mon coin; et le reste dans mon lit, jamais ailleurs. Je cause quelquefois avec des habitués.

---

1. Noter tout ce qu'évoque de désenchantement ce mot de caractère.

⁹⁵   — Mais, en arrivant à Paris, qu'est-ce que tu as fait tout
d'abord?
       — J'ai fait mon droit... au café de Médicis.
       — Mais après?
       — Après... j'ai passé l'eau [1] et je suis venu ici.
¹⁰⁰   — Pourquoi as-tu pris cette peine?
       — Que veux-tu, on ne peut pas rester toute sa vie au
quartier Latin. Les étudiants font trop de bruit. Maintenant
je ne bougerai plus. Garçon, un bock! »
       Je croyais qu'il se moquait de moi. J'insistai.
¹⁰⁵   « Voyons, sois franc. Tu as eu quelque gros chagrin?
Un désespoir d'amour, sans doute? Certes, tu es un homme
que le malheur a frappé. Quel âge as-tu?
       — J'ai trente-trois ans [2]. Mais j'en parais au moins
quarante-cinq. »
¹¹⁰   Je le regardai bien en face. Sa figure ridée, mal soignée,
semblait presque celle d'un vieillard. Sur le sommet du
crâne, quelques longs cheveux voltigeaient au-dessus de la
peau d'une propreté douteuse. Il avait des sourcils énormes,
une forte moustache et une barbe épaisse. J'eus brusque-
¹¹⁵ ment, je ne sais pourquoi, la vision d'une cuvette pleine
d'eau noirâtre, l'eau où aurait été lavé tout ce poil.
       Je lui dis : « En effet, tu as l'air plus vieux que ton âge.
Certainement tu as eu des chagrins. »
       Il répliqua : « Je t'assure que non. Je suis vieux parce que

---

● **Maupassant et Schopenhauer**

Selon Armand Lanoux (*op. cit.*, *p.* 193), Guy a lu Schopenhauer
dès la publication des *Pensées et Maximes*, en 1880, traduites par
son ami Jean Bourdeau.

① Rapprocher le discours du comte de certains aphorismes de
Schopenhauer.

② Dégager, dans ce récit, la part d'une certaine concession à la
philosophie à la mode et la part des préoccupations personnelles.

③ Dans quelle mesure l'homme Maupassant apparaît-il en fili-
grane derrière le portrait du comte? Ne pourrait-on pas penser
parfois à la photographie prise par Nadar (voir p. 12)?

---

1. La Seine; il est passé de la rive gauche *(café de Médicis)* à la rive droite (quartier
de la Bourse). — 2. Le conte paraît en 1884; Maupassant a donc un peu plus de trente-
trois ans lui-même.

[120] je ne prends jamais l'air. Il n'y a rien qui détériore les gens comme la vie de café. »

Je ne le pouvais croire : « Tu as bien aussi fait la noce? On n'est pas chauve comme tu l'es sans avoir beaucoup aimé [1]. »

[125] Il secoua tranquillement le front, semant sur son dos les petites choses blanches [2] qui tombaient de ses derniers cheveux : « Non, j'ai toujours été sage. » Et levant les yeux vers le lustre qui nous chauffait la tête : « Si je suis chauve, c'est la faute du gaz. Il est l'ennemi du cheveu. — Garçon,
[130] un bock! — Tu n'as pas soif?

— Non, merci, Mais vraiment tu m'intéresses. Depuis quand as-tu un pareil découragement? Ça n'est pas normal, ça n'est pas naturel. Il y a quelque chose là-dessous.

— Oui, ça date de mon enfance. J'ai reçu un coup, quand
[135] j'étais petit, et cela m'a tourné au noir pour jusqu'à la fin.

— Quoi donc?

— Tu veux le savoir? écoute.

Tu te rappelles bien le château où je fus élevé [3], puisque tu y es venu cinq ou six fois pendant les vacances? Tu te
[140] rappelles ce grand bâtiment gris, au milieu d'un grand parc, et les longues avenues de chênes, ouvertes vers les quatre points cardinaux! Tu te rappelles mon père et ma mère, tous les deux cérémonieux, solennels et sévères [4]!

J'adorais ma mère; je redoutais mon père, et je les respec-
[145] tais tous les deux, accoutumé d'ailleurs à voir tout le monde courbé devant eux. Ils étaient, dans le pays, M. le comte et Mme la comtesse; et nos voisins aussi, les Tannemare, les Ravalet, les Brenneville, montraient pour mes parents une considération supérieure.

[150] J'avais alors treize ans. J'étais gai, content de tout, comme on l'est à cet âge-là, tout plein du bonheur de vivre.

Or, vers la fin de septembre, quelques jours avant ma rentrée au collège, comme je jouais à faire le loup dans les massifs du parc, courant au milieu des branches et des
[155] feuilles, j'aperçus, en traversant une avenue, papa et maman qui se promenaient.

---

1. La ligne 129 fournit une autre explication. — 2. Les pellicules; ce petit fait souligne l'état de saleté du comte. — 3. Allusion probable au château de Miromesnil. Voir notre introduction, p. 5. — 4. Les témoignages que l'on possède sur Madame de Maupassant confirment assez cette description, et il n'est pas impossible que Gustave de Maupassant se soit présenté sous ce jour, en famille.

Je me rappelle cela comme d'hier. C'était par un jour de
grand vent. Toute la ligne des arbres se courbait sous les
rafales, gémissait, semblait pousser des cris, de ces cris
160 sourds, profonds, que les forêts jettent dans les tempêtes.

Les feuilles arrachées, jaunes déjà, s'envolaient comme
des oiseaux, tourbillonnaient, tombaient puis couraient
tout le long de l'allée, ainsi que des bêtes rapides.

Le soir venait. Il faisait sombre dans les fourrés. Cette
165 agitation du vent et des branches m'excitait, me faisait
galoper comme un fou, et hurler pour imiter les loups [1].

Dès que j'eus aperçu mes parents, j'allai vers eux à pas
furtifs, sous les branches, pour les surprendre, comme si
j'eusse été un rôdeur véritable.
170 Mais je m'arrêtai, saisi de peur, à quelques pas d'eux.
Mon père, en proie à une terrible colère, criait :

« Ta mère est une sotte ; et, d'ailleurs, ce n'est pas de ta
» mère qu'il s'agit, mais de toi. Je te dis que j'ai besoin de
» cet argent, et j'entends que tu signes[2]. »
175 Maman répondit, d'une voix ferme :

« Je ne signerai pas. C'est la fortune de Jean, cela. Je la
» garde pour lui et je ne veux pas que tu la manges encore
» avec des filles et des servantes, comme tu as fait de ton
» héritage. »
180 Alors papa, tremblant de fureur, se retourna, et saisissant
sa femme par le cou, il se mit à la frapper avec l'autre main
de toute sa force, en pleine figure.

Le chapeau de maman tomba, ses cheveux dénoués se
répandirent ; elle essayait de parer les coups, mais elle n'y
185 pouvait parvenir. Et papa, comme fou, frappait, frappait.
Elle roula par terre, cachant sa face dans ses deux bras.
Alors il la renversa sur le dos pour la battre encore,
écartant les mains dont elle se couvrait le visage.

Quant à moi, mon cher, il me semblait que le monde allait
190 finir, que les lois éternelles étaient changées. J'éprouvais le
bouleversement qu'on a devant les choses surnaturelles,
devant les catastrophes monstrueuses, devant les irrépa-
rables désastres. Ma tête d'enfant s'égarait, s'affolait. Et
je me mis à crier de toute ma force, sans savoir pourquoi,

---

1. Noter ici l'accord du paysage avec les sentiments. — 2. On sait que Gustave de
Maupassant eut toujours de grands besoins d'argent.

195 en proie à une épouvante, à une douleur, à un effarement
épouvantables. Mon père m'entendit, se retourna,
m'aperçut, et, se relevant, s'en vint vers moi. Je crus qu'il
m'allait tuer et je m'enfuis comme un animal chassé,
courant tout droit devant moi, dans le bois.

200 J'allai peut-être une heure, peut-être deux, je ne sais pas.
La nuit étant venue, je tombai sur l'herbe, et je restai là
éperdu, dévoré par la peur, rongé par un chagrin capable
de briser à jamais un pauvre cœur d'enfant. J'avais froid,
j'avais faim peut-être. Le jour vint. Je n'osais plus me lever,
205 ni marcher, ni revenir, ni me sauver encore, craignant de
rencontrer mon père que je ne voulais plus revoir.

Je serais peut-être mort de misère et de famine au pied de
mon arbre, si le garde ne m'avait découvert et ramené de
force.

210 Je trouvai mes parents avec leur visage ordinaire. Ma
mère me dit seulement : « Comme tu m'as fait peur, vilain
» garçon, j'ai passé la nuit sans dormir. » Je ne répondis
point, mais je me mis à pleurer. Mon père ne prononça
pas une parole.

215 Huit jours plus tard, je rentrais au collège.

Eh bien, mon cher, c'était fini pour moi. J'avais vu l'autre
face des choses, la mauvaise ; je n'ai plus aperçu la bonne
depuis ce jour-là. Que s'est-il passé dans mon esprit ? Quel
phénomène étrange m'a retourné les idées ? Je l'ignore.
220 Mais je n'ai plus eu de goût pour rien, envie de rien,
d'amour pour personne, de désir quelconque, d'ambition
ou d'espérance. Et j'aperçois toujours ma pauvre mère,
par terre, dans l'allée, tandis que mon père l'assommait.

— Maman est morte après quelques années. Mon père vit
225 encore [1]. Je ne l'ai pas revu. — Garçon, un bock!... »

On lui apporta un bock qu'il engloutit d'une gorgée.
Mais, en reprenant sa pipe, comme il tremblait, il la cassa [2].
Alors il eut un geste désespéré, et il dit : « Tiens! C'est un
vrai chagrin, ça, par exemple. J'en ai pour un mois à en
230 culotter une nouvelle. »

---

1. En réalité, les parents de Maupassant lui survécurent l'un et l'autre. — 2. Il s'agit de
la *pipe de deux sous* (l. 14), une de ces pipes en terre que l'on mettait alors à la disposition
des habitués dans les brasseries : voir l. 233.

Et il lança à travers la vaste salle, pleine maintenant de fumée et de buveurs, son éternel cri : « Garçon, un bock — et une pipe neuve! »

(1ᵉʳ janvier 1884.)

- **Le pessimisme**

E. Caro commence en ces termes son ouvrage sur *le Pessimisme au XIXᵉ siècle* (1880) : « Jamais on n'a agité avec autant de passion qu'à notre époque la question du mal et celle du prix de la vie. » Et il poursuit : « [le pessimisme] est une sorte de maladie intellectuelle, mais une maladie privilégiée, concentrée jusqu'à ce jour dans les sphères de la haute culture, dont elle paraît être une sorte de raffinement malsain et d'élégante corruption. » Mais il conclut (p. 300) : « L'excès même de ces négations et de ces destructions nous rassure, en nous éclairant sur l'influence artificielle et momentanée de cette philosophie [...]. Le caractère du pessimisme nous révèle son avenir : c'est une philosophie de transition. »

① Étudier le romantisme du conte : cadre, saison, style, etc.

② Un texte comme *Garçon, un bock!* ne permet-il pas de découvrir la sensibilité de Guy de Maupassant et ne justifie-t-il pas son apparente insensibilité?

③ Pourquoi le conte se termine-t-il sur un mot cynique? En quoi cette attitude est-elle conforme à ce que nous sommes habitués à voir chez Maupassant?

④ Quelles réflexions suggèrent ces expressions (l. 216) : « l'autre face des choses, la mauvaise... la bonne »? Rapprocher les vers de Victor Hugo dans *A Villequier* (*Contemplations*, livre IV)

« Nous ne voyons jamais qu'un seul côté des choses;
L'autre plonge en la nuit d'un mystère effrayant. »
(Strophe écrite en 1846)

Employant presque les mêmes termes, le romancier et le poète suggèrent-ils la même philosophie?

III. LES EMPLOYÉS

LE PARAPLUIE

A Camille Oudinot [1].

Madame Oreille était économe. Elle savait la valeur d'un sou et possédait un arsenal de principes sévères sur la multiplication de l'argent. Sa bonne, assurément, avait grand mal à faire danser l'anse du panier [2]; et M. Oreille n'obte-
5 nait sa monnaie de poche qu'avec une extrême difficulté. Ils étaient à leur aise, pourtant, et sans enfants; mais Mme Oreille éprouvait une vraie douleur à voir les pièces blanches [3] sortir de chez elle. C'était comme une déchirure pour son cœur; et, chaque fois qu'il lui avait fallu faire une
10 dépense de quelque importance, bien qu'indispensable, elle dormait fort mal la nuit suivante.

Oreille répétait sans cesse à sa femme :

« Tu devrais avoir la main plus large puisque nous ne mangeons jamais nos revenus. »
15 Elle répondait :

« On ne sait jamais ce qui peut arriver, il vaut mieux avoir plus que moins. »

C'était une petite femme de quarante ans, vive, ridée, propre et souvent irritée.
20 Son mari, à tout moment, se plaignait des privations qu'elle lui faisait endurer. Il en était certaines qui lui devenaient particulièrement pénibles, parce qu'elles atteignaient sa vanité.

Il était commis principal [4] au ministère de la Guerre,

Ce conte parut dans « Le Gaulois » du 10 février 1884. Il figure dans le volume intitulé « Les Sœurs Rondoli » (Albin Michel et Conard), dans le tome IV de la Librairie de France et le tome I de l'édition Schmidt-Delaisement.

1. *Camille Oudinot* était le frère de Madame Lecomte du Noüy, amie de Maupassant. — 2. Expression familière : de la part d'une domestique, se faire rembourser une somme supérieure à celle qu'elle a effectivement dépensée pour les achats du ménage. — 3. Les *pièces blanches* (en argent) : celles de 0,50 F, 1 F et 5 F. La couleur des pièces offre un élément affectif : on appelait les louis (de 5, 10 et 20 F) des « jaunets » (voir *les Vacances* de la comtesse de Ségur). — 4. Le *commis*, immortalisé par Balzac *(Physiologie de l'employé)*, s'appelle de nos jours : rédacteur. On se rappelle que Maupassant avait été commis au ministère de la Marine, puis au ministère de l'Instruction publique.

²⁵ demeuré là uniquement pour obéir à sa femme, pour augmenter les rentes inutilisées de la maison.

Or, pendant deux ans, il vint au bureau avec le même
parapluie rapiécé qui donnait à rire à ses collègues. Las
enfin de leurs quolibets, il exigea que Mme Oreille lui achetât
³⁰ un nouveau parapluie. Elle en prit un de huit francs cinquante[1], article de réclame d'un grand magasin. Des
employés en apercevant cet objet jeté dans Paris par
milliers recommencèrent leurs plaisanteries, et Oreille en
souffrit horriblement. Le parapluie ne valait rien. En trois
³⁵ mois, il fut hors de service, et la gaieté devint générale dans
le ministère. On fit même une chanson qu'on entendait du
matin au soir, du haut en bas de l'immense bâtiment.

Oreille, exaspéré, ordonna à sa femme de lui choisir un
nouveau riflard[2], en soie fine, de vingt francs[3], et
⁴⁰ d'apporter une facture justificative.

Elle en acheta un de dix-huit francs et déclara, rouge
d'irritation, en le remettant à son époux :

« Tu en as là pour cinq ans au moins. »

Oreille, triomphant, obtint un vrai succès au bureau.
⁴⁵ Lorsqu'il rentra le soir, sa femme, jetant un regard
inquiet sur le parapluie, lui dit :

« Tu ne devrais pas le laisser serré avec l'élastique, c'est
le moyen de couper la soie. C'est à toi d'y veiller, parce
que je ne t'en achèterai pas un de si tôt. »
⁵⁰ Elle le prit, dégrafa l'anneau et secoua les plis. Mais elle
demeura saisie d'émotion. Un trou rond, grand comme un
centime, lui apparut au milieu du parapluie. C'était une
brûlure de cigare!

Elle balbutia :
⁵⁵ « Qu'est-ce qu'il a? »

Son mari répondit tranquillement, sans regarder :

« Qui, quoi? Que veux-tu dire? »

La colère l'étranglait maintenant; elle ne pouvait plus
parler :
⁶⁰ « Tu... tu... tu as brûlé... ton... ton... parapluie. Mais tu...
tu... tu es donc fou!... Tu veux nous ruiner! »

Il se retourna, se sentant pâlir :

« Tu dis?

---

1. Sur la valeur de l'argent voir p. 47, note 3. Commis au ministère, Maupassant gagnait
moins de 5 francs par jour. — 2. Mot argotique pour : parapluie; c'est le nom d'un personnage de *la Petite Ville* de Picard (1801). — 3. Voir la note 1.

— Je dis que tu as brûlé ton parapluie. Tiens!... »

65 Et, s'élançant vers lui comme pour le battre, elle lui mit violemment sous le nez la petite brûlure circulaire.

Il restait éperdu devant cette plaie, bredouillant :

« Ça, ça... qu'est-ce que c'est? Je ne sais pas, moi! Je n'ai rien fait, rien, je te le jure. Je ne sais pas ce qu'il a, moi, ce
70 parapluie? »

Elle criait maintenant :

« Je parie que tu as fait des farces avec lui dans ton bureau, que tu as fait le saltimbanque, que tu l'as ouvert pour le montrer. »

75 Il répondit :

« Je l'ai ouvert une seule fois pour montrer comme il était beau. Voilà tout. Je te le jure. »

Mais elle trépignait de fureur, et elle lui fit une de ces scènes conjugales qui rendent le foyer familial plus redou-
80 table pour un homme pacifique qu'un champ de bataille où pleuvent les balles.

Elle ajusta une pièce avec un morceau de soie coupé sur l'ancien parapluie, qui était de couleur différente; et, le lendemain, Oreille partit, d'un air humble, avec l'instru-
85 ment raccommodé. Il le posa dans son armoire [1] et n'y pensa plus que comme on pense à quelque mauvais souvenir.

Mais à peine fut-il rentré, le soir, sa femme lui saisit son parapluie dans les mains, l'ouvrit pour constater son état,
90 et demeura suffoquée devant un désastre irréparable. Il était criblé de petits trous provenant évidemment de brûlures, comme si on eût vidé dessus la cendre d'une pipe allumée. Il était perdu, perdu sans remède.

Elle contemplait cela sans dire un mot, trop indignée pour
95 qu'un son pût sortir de sa gorge. Lui aussi, il constatait le dégât et il restait stupide [2], épouvanté, consterné.

Puis ils se regardèrent; puis il baissa les yeux; puis il reçut par la figure l'objet crevé qu'elle lui jetait; puis elle cria, retrouvant sa voix dans un emportement de fureur :
100 « Ah! canaille! canaille! Tu en as fait exprès [3]! Mais tu me le payeras! Tu n'en auras plus... »

---

1. Il s'agit du placard où l'employé dépose ses effets avant de se mettre au travail. — 2. Au sens étymologique : paralysé par l'étonnement. — 3. Expression populaire vicieuse pour : *Tu l'as fait exprès.*

Et la scène recommença. Après une heure de tempête, il put enfin s'expliquer. Il jura qu'il n'y comprenait rien; que cela ne pouvait provenir que de malveillance ou de vengeance.
105

Un coup de sonnette le délivra. C'était un ami qui venait dîner chez eux.

Mme Oreille lui soumit le cas. Quant à acheter un nouveau parapluie, c'était fini, son mari n'en aurait plus.
110   L'ami argumenta avec raison :

« Alors, Madame, il perdra ses habits, qui valent, certes, davantage. »

La petite femme, toujours furieuse, répondit :

« Alors, il prendra un parapluie de cuisine, je ne lui en
115 donnerai pas un nouveau en soie. »

A cette pensée, Oreille se révolta.

« Alors je donnerai ma démission, moi! Mais je n'irai pas au ministère avec un parapluie de cuisine. »

L'ami reprit :
120   « Faites recouvrir celui-là, ça ne coûte pas très cher. »

Mme Oreille exaspérée balbutiait :

« Il faut au moins huit francs pour le faire recouvrir. Huit francs et dix-huit, cela fait vingt-six! Vingt-six francs pour un parapluie, mais c'est de la folie! c'est de la
125 démence! »

L'ami, bourgeois pauvre, eut une inspiration :

« Faites-le payer par votre assurance. Les compagnies paient les objets brûlés, pourvu que le dégât ait eu lieu dans votre domicile. »

● **Le parapluie**

① Montrer que Maupassant fait ici un tableau de mœurs (portrait physique et moral des personnages, cadre social, relations avec autrui, etc.).

② Étudier la technique de la scène de ménage (insignifiance des prétextes, mauvaise foi, violence, etc.).

③ Le conseiller ne fait-il pas penser au chœur de la tragédie antique? Par exemple, dans la *Médée* d'Euripide (v. 173 et suiv.) on lit : « Comment obtenir qu'elle [Médée] se présente à nos yeux et qu'elle accueille le son de nos paroles? Peut-être oublierait-elle la colère dont son cœur est lourd et le vouloir de son âme. Que mon zèle du moins ne manque pas à mes amis. »

130   A ce conseil, la petite femme se calma net ; puis, après une minute de réflexion, elle dit à son mari :

« Demain, avant de te rendre à ton ministère, tu iras dans les bureaux de la *Maternelle* [1] faire constater l'état de ton parapluie et réclamer le payement. »

135   M. Oreille eut un soubresaut.

« Jamais de la vie je n'oserai! C'est dix-huit francs de perdus, voilà tout. Nous n'en mourrons pas. »

Et il sortit le lendemain avec une canne. Il faisait beau heureusement.

140   Restée seule à la maison, Mme Oreille ne pouvait se consoler de la perte de ses dix-huit francs. Elle avait le parapluie sur la table de la salle à manger, et elle tournait autour, sans parvenir à prendre une résolution.

La pensée de l'Assurance lui revenait à tout instant, mais 145 elle n'osait pas non plus affronter les regards railleurs des messieurs qui la recevraient, car elle était timide devant le monde, rougissant pour un rien, embarrassée dès qu'il lui fallait parler à des inconnus.

Cependant le regret des dix-huit francs la faisait souffrir 150 comme une blessure. Elle n'y voulait plus songer, et sans cesse le souvenir de cette perte la martelait douloureusement. Que faire cependant ? Les heures passaient ; elle ne se décidait à rien. Puis, tout à coup, comme les poltrons qui deviennent crânes, elle prit sa résolution.

155   « J'irai, et nous verrons bien ! »

Mais il lui fallait d'abord préparer le parapluie pour que le désastre fût complet et la cause facile à soutenir. Elle prit une allumette sur la cheminée et fit, entre les baleines, une grande brûlure, large comme la main ; puis elle roula déli- 160 catement ce qui restait de la soie, la fixa avec le cordelet élastique, mit son châle et son chapeau et descendit d'un pied pressé vers la rue de Rivoli où se trouvait l'Assurance.

Mais, à mesure qu'elle approchait, elle ralentissait le pas. Qu'allait-elle dire ? Qu'allait-on lui répondre ?

165   Elle regardait les numéros des maisons. Elle en avait encore vingt-huit. Très bien! elle pouvait réfléchir. Elle allait de moins en moins vite. Soudain elle tressaillit. Voici la porte, sur laquelle brille [2] en lettres d'or : « *La Maternelle*,

---

1. Compagnie d'assurance contre l'incendie, qui pourrait bien désigner plaisamment *la Paternelle*. — 2. Justifier l'emploi du présent.

Compagnie d'assurances contre l'incendie. » Déjà! Elle
170 s'arrêta une seconde, anxieuse, honteuse, puis passa, puis
revint, puis passa de nouveau, puis revint encore.

Elle se dit enfin :

« Il faut y aller, pourtant. Mieux vaut plus tôt que plus
tard. »

175   Mais, en pénétrant dans la maison, elle s'aperçut que son
cœur battait.

Elle entra dans une vaste pièce avec des guichets tout
autour; et, par chaque guichet, on apercevait une tête
d'homme dont le corps était masqué par un treillage.

180   Un monsieur parut, portant des papiers. Elle s'arrêta et,
d'une petite voix timide :

« Pardon, Monsieur, pourriez-vous me dire où il faut
s'adresser pour se faire rembourser les objets brûlés? »

Il répondit, avec un timbre sonore :

185   « Premier, à gauche, au bureau des sinistres [1]. »

Ce mot l'intimida davantage encore; et elle eut envie de
se sauver, de ne rien dire, de sacrifier ses dix-huit francs.
Mais à la pensée de cette somme, un peu de courage lui
revint, et elle monta, essoufflée, s'arrêtant à chaque marche.

190   Au premier, elle aperçut une porte, elle frappa. Une voix
claire cria :

« Entrez! »

Elle entra et se vit dans une grande pièce où trois messieurs, debout, décorés, solennels, causaient.

195   Un d'eux lui demanda :

« Que désirez-vous, Madame? »

Elle ne trouvait plus ses mots, elle bégaya :

« Je viens... je viens... pour... pour un sinistre. »

Le monsieur, poli, montra un siège.

200   « Donnez-vous la peine de vous asseoir, je suis à vous
dans une minute. »

Et, retournant vers les deux autres, il reprit la conversation.

« La Compagnie, Messieurs, ne se croit pas engagée
205 envers vous pour plus de quatre cent mille francs [2]. Nous
ne pouvons admettre vos revendications pour les cent mille

---

1. Le mot est particulièrement plaisant quand on sait qu'il s'agit d'un incident dérisoire.
— 2. Le contraste des chiffres entre *dix-huit francs* et *quatre cent mille francs* (une somme
énorme : voir p. 47, note 3) est plaisant.

francs que vous prétendez nous faire payer en plus. L'estimation d'ailleurs... »

Un des deux autres l'interrompit :

210 « Cela suffit, Monsieur, les tribunaux décideront. Nous n'avons plus qu'à nous retirer. »

Et ils sortirent après plusieurs saluts cérémonieux.

Oh! si elle avait osé partir avec eux, elle l'aurait fait; elle aurait fui, abandonnant tout! Mais le pouvait-elle? Le 215 monsieur revint et, s'inclinant :

« Qu'y a-t-il pour votre service, Madame? »

Elle articula péniblement :

« Je viens pour... pour ceci. »

Le directeur baissa les yeux, avec un étonnement naïf, 220 vers l'objet qu'elle lui tendait.

Elle essayait, d'une main tremblante, de détacher l'élastique. Elle y parvint après quelques efforts, et ouvrit brusquement le squelette loqueteux du parapluie.

L'homme prononça, d'un ton compatissant :

225 « Il me paraît bien malade. »

Elle déclara avec hésitation :

« Il m'a coûté vingt francs. »

Il s'étonna :

« Vraiment! Tant que ça? »

230 — Oui, il était excellent. Je voulais vous faire constater son état.

— Fort bien; je vois. Fort bien. Mais je ne saisis pas en quoi cela peut me concerner. »

Une inquiétude la saisit. Peut-être cette compagnie-là ne 235 payait-elle pas les menus objets, et elle dit :

« Mais... il est brûlé... »

Le monsieur ne nia pas :

« Je le vois bien. »

Elle restait bouche béante, ne sachant plus que dire; 240 puis, soudain, comprenant son oubli, elle prononça avec précipitation :

« Je suis Mme Oreille. Nous sommes assurés à la *Maternelle* ; et je viens vous réclamer le prix de ce dégât. »

Elle se hâta d'ajouter dans la crainte d'un refus positif :

245 « Je demande seulement que vous le fassiez recouvrir. »

Le directeur, embarrassé, déclara :

« Mais... Madame... nous ne sommes pas marchands de

parapluies. Nous ne pouvons nous charger de ces genres de
réparations. »

250   La petite femme sentait l'aplomb lui revenir. Il fallait
lutter. Elle lutterait donc! Elle n'avait plus peur; elle dit :

« Je demande seulement le prix de la réparation. Je la
ferai bien faire moi-même. »

Le monsieur semblait confus :

255   « Vraiment, Madame, c'est bien peu. On ne nous
demande jamais d'indemnité pour des accidents d'une
si minime importance. Nous ne pouvons rembourser,
convenez-en, les mouchoirs, les gants, les balais, les savates,
tous les petits objets qui sont exposés chaque jour à subir
260   des avaries par la flamme. »

Elle devint rouge, sentant la colère l'envahir :

« Mais, Monsieur, nous avons eu au mois de décembre
dernier un feu de cheminée qui nous a causé au moins pour
cinq cents francs de dégâts; M. Oreille n'a rien réclamé à
265   la compagnie; aussi il est bien juste aujourd'hui qu'elle me
paie mon parapluie! »

Le directeur, devinant le mensonge, dit en souriant :

« Vous avouerez, Madame, qu'il est bien étonnant que
M. Oreille, n'ayant rien demandé pour un dégât de cinq
270   cents francs, vienne réclamer une réparation de cinq ou
six francs pour un parapluie. »

Elle ne se troubla point et répliqua :

« Pardon, Monsieur, le dégât de cinq cents francs concer-
nait la bourse de M. Oreille, tandis que le dégât de dix-
275   huit francs concerne la bourse de Mme Oreille, ce qui n'est
pas la même chose. »

Il vit qu'il ne s'en débarrasserait pas et qu'il allait perdre
sa journée, et il demanda avec résignation :

« Veuillez me dire alors comment l'accident est arrivé. »

280   Elle sentit la victoire et se mit à raconter :

« Voilà, Monsieur : j'ai dans mon vestibule une espèce de
chose en bronze où l'on pose les parapluies et les cannes.
L'autre jour donc, en rentrant, je plaçai dedans celui-là.
Il faut vous dire qu'il y a juste au-dessus une planchette
285   pour mettre les bougies et les allumettes. J'allonge le bras
et je prends quatre allumettes. J'en frotte une; elle rate.
J'en frotte une autre; elle s'allume et s'éteint aussitôt. J'en
frotte une troisième; elle en fait autant. »

Le directeur l'interrompit pour placer un mot d'esprit.

290 « C'étaient donc des allumettes du gouvernement[1]? »
Elle ne comprit pas, et continua :

« Ça se peut bien. Toujours est-il que la quatrième prit
feu et j'allumai ma bougie; puis j'entrai dans ma chambre
pour me coucher. Mais au bout d'un quart d'heure, il me
295 sembla qu'on sentait le brûlé. Moi j'ai toujours peur du
feu. Oh! si nous avons jamais un sinistre[2], ce ne sera pas
ma faute! Surtout depuis le feu de cheminée dont je vous ai
parlé, je ne vis pas. Je me relève donc, je sors, je cherche,
je sens partout comme un chien de chasse, et je m'aperçois
300 enfin que mon parapluie brûle. C'est probablement une
allumette qui était tombée dedans. Vous voyez dans quel
état ça l'a mis... »

Le directeur en avait pris son parti; il demanda :

« A combien estimez-vous le dégât? »
305 Elle demeura sans parole, n'osant pas fixer un chiffre.
Puis elle dit, voulant être large :

« Faites-le réparer vous-même. Je m'en rapporte à vous. »
Il refusa :

« Non, Madame, je ne peux pas. Dites-moi combien vous
310 demandez.

— Mais... il me semble... que... Tenez, Monsieur, je ne
veux pas gagner sur vous, moi... nous allons faire une chose.
Je porterai mon parapluie chez un fabricant qui le
recouvrira en bonne soie, en soie durable, et je vous appor-
315 terai la facture. Ça vous va-t-il?

- **Le parapluie**

① Quelle importance la discussion dans le bureau des sinistres
(l. 204-211) a-t-elle par rapport au récit?

② Relever les mots de caractère dans l'intervention de Madame
Oreille.

③ Comparer la dialectique de Madame Oreille avec celle des
paysans dans les *Scènes de la vie de province* (*Toine*, p. 81,
l. 224 : le *Tu n'en auras plus* de Madame Oreille (l. 101) fait
penser au « *Tu n'auras point de fricot tant que tu n'les prendras
point* » de la mère Toine).

---

1. Plaisanterie traditionnelle : les allumettes de la Régie sont réputées ne pas prendre
parce que, précisément, elles sont de la Régie, par opposition aux allumettes de contrebande,
particulièrement les suisses. — 2. Madame Oreille s'enferre dans les mensonges et les contra-
dictions. Elle a été impressionné par le mot *sinistre* qu'elle vient d'entendre (l. 185).

— Parfaitement, Madame ; c'est entendu. Voici un mot pour la caisse, qui remboursera votre dépense. »

Et il tendit une carte à Mme Oreille, qui la saisit, puis se leva et sortit en remerciant, ayant hâte d'être dehors, de crainte qu'il ne changeât d'avis.

Elle allait maintenant d'un pas gai par la rue, cherchant un marchand de parapluies qui lui parût élégant. Quand elle eut trouvé une boutique d'allure riche, elle entra et dit, d'une voix assurée :

« Voici un parapluie à recouvrir en soie, en très bonne soie. Mettez-y ce que vous avez de meilleur. Je ne regarde pas au prix. »

(10 février 1884.)

Un bal en 1880.

[annotations manuscrites : écrit en 3e personne — narrateur omniscient qui raconte l'histoire — commence par une description d'une personne importante puis le passé — physique — psychologique — idées romantiques — mise-au-point de la situation actuelle]

LA PARURE

① description

   C'était une de ces jolies et charmantes filles, nées, comme
par une erreur du destin, dans une famille d'employés.
Elle n'avait pas de dot, pas d'espérances, aucun moyen
d'être connue, comprise, aimée, épousée par un homme
⁵ riche et distingué; et elle se laissa marier avec un petit
commis[1] du ministère de l'Instruction publique.

   Elle fut simple, ne pouvant être parée; mais malheureuse
comme une déclassée; car les femmes n'ont point de caste
ni de race, leur beauté, leur grâce et leur charme leur ser-
¹⁰ vant de naissance et de famille. Leur finesse native, leur
instinct d'élégance, leur souplesse d'esprit, sont leur seule
hiérarchie, et font des filles du peuple les égales des plus
grandes dames.

   Elle souffrait sans cesse, se sentant née pour toutes les
¹⁵ délicatesses et tous les luxes. Elle souffrait de la pauvreté
de son logement, de la misère des murs, de l'usure des sièges,
de la laideur des étoffes. Toutes ces choses, dont une autre
femme de sa caste ne se serait même pas aperçue, la tortu-
raient et l'indignaient. La vue de la petite Bretonne qui
²⁰ faisait son humble ménage éveillait en elle des regrets
désolés et des rêves éperdus[2]. Elle songeait aux anti-
chambres muettes, capitonnées avec des tentures orientales,
éclairées par de hautes torchères[3] de bronze, et aux deux
grands valets en culotte courte qui dorment dans les larges
²⁵ fauteuils, assoupis par la chaleur lourde du calorifère.
Elle songeait aux grands salons vêtus de soie ancienne, aux
meubles fins portant des bibelots inestimables, et aux

[annotations manuscrites en marge : ③ ; avant le bal ; ②]

Ce conte parut dans « Le Gaulois » du 17 février 1884. Il figure dans le tome intitulé « Boule de suif » (Albin Michel), dans « Les Contes du jour et de la nuit » (Conard), dans le tome IV de la Librairie de France et le tome I de l'édition Schmidt-Delaissement.

   1. Employé de grade inférieur. Voir p. 63, note 4. — 2. On trouvait alors des petites bonnes à tout faire pour 5 F par mois. — 3. Ces vases métalliques à jour, montés sur pied, dans lesquels on mettait des matières combustibles pour éclairer, étaient considérés, sous l'Empire, comme l'ornement indispensable des vestibules d'hôtels particuliers. Aux yeux d'une petite-bourgeoise, c'est donc le comble du luxe.

petits salons coquets, parfumés, faits pour la causerie de
cinq heures avec les amis les plus intimes, les hommes
[30] connus et recherchés dont toutes les femmes envient et
désirent l'attention.

Quand elle s'asseyait, pour dîner, devant la table ronde
couverte d'une nappe de trois jours, en face de son mari
qui découvrait la soupière en déclarant d'un air enchanté :
[35] « Ah! le bon pot-au-feu! je ne sais rien de meilleur que
cela... » elle songeait aux dîners fins, aux argenteries relui-
santes, aux tapisseries peuplant les murailles de personnages anciens et d'oiseaux étranges au milieu d'une forêt
de féerie; elle songeait aux plats exquis servis en des vais-
[40] selles merveilleuses, aux galanteries chuchotées et écoutées
avec un sourire de sphinx, tout en mangeant la chair rose
d'une truite ou des ailes de gelinotte [1].

Elle n'avait pas de toilettes, pas de bijoux, rien. Et elle
n'aimait que [2] cela; elle se sentait faite pour cela. Elle eût
[45] tant désiré plaire, être enviée, être séduisante et recherchée.

Elle avait une amie riche, une camarade de couvent
qu'elle ne voulait plus aller voir, tant elle souffrait en
revenant. Et elle pleurait pendant des jours entiers, de
chagrin, de regret, de désespoir et de détresse.

*\
* *

[50] Or, un soir, son mari rentra, l'air glorieux [3] et tenant à
la main une large enveloppe.

« Tiens, dit-il, voici quelque chose pour toi. »

Elle déchira vivement le papier et en tira une carte impri-
mée qui portait ces mots :
[55] « Le ministre de l'Instruction publique et Mme Georges
Ramponneau prient M. et Mme Loisel de leur faire l'honneur de venir passer la soirée à l'hôtel du ministère, le
lundi 18 janvier. »

Au lieu d'être ravie, comme l'espérait son mari, elle jeta
[60] avec dépit l'invitation sur la table, murmurant :

« Que veux-tu que je fasse de cela?

— Mais, ma chérie, je pensais que tu serais contente.

---

1. Gallinacé à goût très fin qu'on trouve dans les forêts montagneuses de l'est de la France. On l'appelle aussi : poule des noisetiers. — 2. La locution *ne que* prend toute sa valeur après la série des négations qui précèdent. — 3. Vaniteux.

Tu ne sors jamais, et c'est une occasion, cela, une belle!
J'ai eu une peine infinie à l'obtenir. Tout le monde en veut;
65 c'est très recherché et on n'en donne pas beaucoup aux
employés. Tu verras là tout le monde officiel. »

Elle le regardait d'un œil irrité, et elle déclara avec
impatience :

« Que veux-tu que je me mette sur le dos pour aller là? »
70 Il n'y avait pas songé; il balbutia :

« Mais la robe avec laquelle tu vas au théâtre. Elle me
semble très bien, à moi... »

Il se tut, stupéfait, éperdu, en voyant que sa femme
pleurait. Deux grosses larmes descendaient lentement des
75 coins des yeux vers les coins de la bouche; il bégaya :

« Qu'as-tu? qu'as-tu? »

Mais, par un effort violent, elle avait dompté sa peine
et elle répondit d'une voix calme en essuyant ses joues
humides :

80 « Rien. Seulement je n'ai pas de toilette et par consé-
quent je ne peux aller à cette fête. Donne ta carte à quelque
collègue dont la femme sera mieux nippée que moi. »

Il était désolé. Il reprit :

« Voyons, Mathilde. Combien cela coûterait-il, une
85 toilette convenable, qui pourrait te servir encore en d'autres
occasions, quelque chose de très simple? »

Elle réfléchit quelques secondes, établissant ses comptes
et songeant aussi à la somme qu'elle pouvait demander
sans s'attirer un refus immédiat et une exclamation effarée
90 du commis économe.

● **Une femme d'employé**

① Le jugement porté sur les femmes par Maupassant (l. 8-13)
pouvait-il être accepté par tous les lecteurs de l'écrivain en
1884? Sur quoi se fondait la notion de mésalliance?

② Que peut avoir d'émouvant la passivité mal résignée d'une
déclassée? La société aux castes strictes qui nous est présentée
a-t-elle évolué depuis le XIXᵉ siècle?

③ La naïveté des rêves de grandeur de l'héroïne n'est-elle pas
en soi une marque de médiocrité?

④ Rapprocher ce portrait des divers portraits de Madame
Bovary dans le roman de Flaubert. Le mari lui-même serait à
rapprocher de Charles Bovary. Établir les ressemblances et les
différences.

Enfin, elle répondit en hésitant :

« Je ne sais pas au juste, mais il me semble qu'avec quatre cents francs [1] je pourrais arriver. »

Il avait un peu pâli, car il réservait juste cette somme
95 pour acheter un fusil et s'offrir des parties de chasse, l'été suivant, dans la plaine de Nanterre, avec quelques amis qui allaient tirer des alouettes, par là, le dimanche.

Il dit cependant :

« Soit. Je te donne quatre cents francs. Mais tâche d'avoir
100 une belle robe. »

*[marginal note: ** l'élément de l'intrigue qui va entraîner de grandes conséquences pour le couple]*

Le jour de la fête approchait, et Mme Loisel semblait triste, inquiète, anxieuse. Sa toilette était prête cependant. Son mari lui dit un soir :

« Qu'as-tu? Voyons, tu es toute drôle depuis trois jours. »
105 Et elle répondit :

[marginal note: Rien de superflu]

« Cela m'ennuie de n'avoir pas un bijou, pas une pierre, rien à mettre sur moi. J'aurai l'air misère [2] comme tout. J'aimerais presque mieux ne pas aller à cette soirée. »

Il reprit :
110 « Tu mettras des fleurs naturelles. C'est très chic en cette saison-ci. Pour dix francs tu auras deux ou trois roses magnifiques. »

Elle n'était point convaincue.

« Non... il n'y a rien de plus humiliant que d'avoir l'air
115 pauvre au milieu de femmes riches. »

Mais son mari s'écria :

« Que tu es bête! Va trouver ton amie Mme Forestier et demande-lui de te prêter des bijoux. Tu es bien assez liée avec elle pour faire cela. »
120 Elle poussa un cri de joie :

« C'est vrai. Je n'y avais point pensé. »

Le lendemain, elle se rendit chez son amie et lui conta sa détresse.

Mme Forestier alla vers son armoire à glace, prit un large
125 coffret, l'apporta, l'ouvrit, et dit à Mme Loisel :

« Choisis, ma chère. »

---

1. Sur la valeur de l'argent, voir p. 47, note 3. Selon Armand Lanoux (*Maupassant le Bel Ami*, p. 83), en 1875, Maupassant gagnait au ministère de l'Instruction publique 2 000 francs par an. — 2. Terme familier pour : misérable.

Elle vit d'abord des bracelets, puis un collier de perles, puis une croix vénitienne [1], or et pierreries, d'un admirable travail. Elle essayait les parures devant la glace, hésitait,
130 ne pouvait se décider à les quitter, à les rendre. Elle demandait toujours :

« Tu n'as plus rien d'autre?

— Mais si. Cherche. Je ne sais pas ce qui peut te plaire. »

Tout à coup elle découvrit, dans une boîte de satin noir,
135 une superbe rivière de diamants [2] ; et son cœur se mit à battre d'un désir immodéré. Ses mains tremblaient en la prenant. Elle l'attacha autour de sa gorge, sur sa robe montante, et demeura en extase devant elle-même.

Puis, elle demanda, hésitante, pleine d'angoisse :
140 « Peux-tu me prêter cela, rien que cela?

— Mais oui, certainement. »

Elle sauta au cou de son amie, l'embrassa avec emportement, puis s'enfuit avec son trésor.

*
* *

Le jour de la fête arriva. Mme Loisel eut un succès. Elle
145 était plus jolie que toutes, élégante, gracieuse, souriante et folle de joie. Tous les hommes la regardaient, demandaient son nom, cherchaient à être présentés. Tous les attachés du cabinet voulaient valser avec elle. Le ministre la remarqua [3].
150 Elle dansait avec ivresse, avec emportement, grisée par le plaisir, ne pensant plus à rien, dans le triomphe de sa beauté, dans la gloire de son succès, dans une sorte de nuage de bonheur fait de tous ces hommages, de toutes ces admirations, de tous ces désirs éveillés, de cette victoire si
155 complète et si douce au cœur des femmes.

Elle partit vers quatre heures du matin. Son mari, depuis minuit, dormait dans un petit salon désert avec trois autres messieurs dont les femmes s'amusaient beaucoup.

Il lui jeta sur les épaules les vêtements qu'il avait apportés
160 pour la sortie, modestes vêtements de la vie ordinaire, dont

---

1. Les bijoutiers ne connaissent plus aujourd'hui ce type de croix. — 2. Un collier *de diamants*. — 3. Cette faveur du ministre est le comble de la gloire pour la femme d'un petit employé du ministère. L'attitude de Madame Bovary au bal du château de la Vaubyessard est moins intéressée.

la pauvreté jurait avec l'élégance de la toilette de bal. Elle
le sentit et voulut s'enfuir, pour ne pas être remarquée par
les autres femmes qui s'enveloppaient de riches fourrures.

Loisel la retenait :

165 « Attends donc. Tu vas attraper froid dehors. Je vais
appeler un fiacre. »

Mais elle ne l'écoutait point et descendait rapidement
l'escalier. Lorsqu'ils furent dans la rue, ils ne trouvèrent
pas de voiture; et ils se mirent à chercher, criant après les
170 cochers qu'ils voyaient passer de loin.

Ils descendaient vers la Seine, désespérés, grelottants.
Enfin ils trouvèrent sur le quai un de ces vieux coupés [1]
noctambules qu'on ne voit dans Paris que la nuit venue,
comme s'ils eussent été honteux de leur misère pendant
175 le jour.

Il les ramena jusqu'à leur porte, rue des Martyrs, et ils
remontèrent tristement chez eux. C'était fini, pour elle.
Et il songeait, lui, qu'il lui faudrait être au ministère à
dix heures.

180 Elle ôta les vêtements dont elle s'était enveloppé les
épaules, devant la glace, afin de se voir encore une fois dans
sa gloire. Mais soudain elle poussa un cri. Elle n'avait plus
sa rivière autour du cou!

Son mari, à moitié dévêtu déjà, demanda :

185 « Qu'est-ce que tu as? »

Elle se tourna vers lui, affolée :

« J'ai... j'ai... je n'ai plus la rivière de Mme Forestier. »

Il se dressa, éperdu :

« Quoi!... comment!... Ce n'est pas possible! »

● **La parure**

Il y a une évolution entre le moment où Mme Loisel nous a été
présentée et celui où elle consent à aller au bal. Malgré sa sympathie pour son personnage, Maupassant laisse percer une certaine misogynie.

① Étudier la perfection de la stratégie féminine.

② Relever la dure opposition entre l'*être* et le *paraître*, le rêve
et le réveil.

---

1. Voiture à quatre roues et généralement à deux places avec strapontin.

190   Et ils cherchèrent dans les plis de la robe, dans les plis
du manteau, dans les poches, partout. Ils ne la trouvèrent
point.

Il demandait :

« Tu es sûre que tu l'avais encore en quittant le bal ?

195   — Oui, je l'ai touchée dans le vestibule du ministère.

— Mais si tu l'avais perdue dans la rue, nous l'aurions
entendue tomber. Elle doit être dans le fiacre.

— Oui, C'est probable. As-tu pris le numéro ?

— Non. Et toi, tu ne l'as pas regardé ?

200   — Non. »

Ils se contemplaient atterrés. Enfin Loisel se rhabilla.

« Je vais, dit-il, refaire tout le trajet que nous avons fait
à pied, pour voir si je ne la retrouverai pas. »

Et il sortit. Elle demeura en toilette de soirée, sans force
205 pour se coucher, abattue sur une chaise, sans feu, sans
pensée.

Son mari rentra vers sept heures. Il n'avait rien trouvé.

Il se rendit à la préfecture de Police, aux journaux, pour
faire promettre une récompense, aux compagnies de petites
210 voitures, partout enfin où un soupçon d'espoir le poussait.

Elle attendit tout le jour, dans le même état d'effarement
devant cet affreux désastre.

Loisel revint le soir, avec la figure creusée, pâlie ; il n'avait
rien découvert.

215   « Il faut, dit-il, écrire à ton amie que tu as brisé la ferme-
ture de sa rivière et que tu la fais réparer. Cela nous donnera
le temps de nous retourner. »

Elle écrivit sous sa dictée.

*
* *

Au bout d'une semaine, ils avaient perdu toute espérance.

220   Et Loisel, vieilli de cinq ans, déclara :

« Il faut aviser à remplacer ce bijou. »

Ils prirent, le lendemain, la boîte qui l'avait renfermé, et
se rendirent chez le joaillier, dont le nom se trouvait dedans.
Il consulta ses livres :

225   « Ce n'est pas moi, Madame, qui ai vendu cette rivière ;
j'ai dû seulement fournir l'écrin. »

Alors ils allèrent de bijoutier en bijoutier, cherchant une
parure pareille à l'autre, consultant leurs souvenirs,
malades tous deux de chagrin et d'angoisse.

230   Ils trouvèrent, dans une boutique du Palais-Royal, un chapelet de diamants qui leur parut entièrement semblable à celui qu'ils cherchaient. Il valait quarante mille francs [1]. On le leur laisserait à trente-six mille.

    Ils prièrent donc le joaillier de ne pas le vendre avant
235 trois jours. Et ils firent condition qu'on le reprendrait, pour trente-quatre mille francs, si le premier était retrouvé avant la fin de février.

    Loisel possédait dix-huit mille francs que lui avait laissés son père. Il emprunterait le reste.

240   Il emprunta, demandant mille francs à l'un, cinq cents à l'autre, cinq louis [2] par-ci, trois louis par-là. Il fit des billets [3], prit des engagements ruineux, eut affaire aux usuriers, à toutes les races de prêteurs. Il compromit toute la fin de son existence, risqua sa signature sans savoir
245 même s'il pourrait y faire honneur, et, épouvanté par les angoisses de l'avenir, par la noire misère qui allait s'abattre sur lui, par la perspective de toutes les privations physiques et de toutes les tortures morales, il alla chercher la rivière nouvelle, en déposant sur le comptoir du marchand
250 trente-six mille francs.

    Quand Mme Loisel reporta la parure à Mme Forestier, celle-ci lui dit, d'un air froissé :

    « Tu aurais dû me la rendre plus tôt, car je pouvais en avoir besoin. »
255   Elle n'ouvrit pas l'écrin, ce que redoutait son amie. Si elle s'était aperçue de la substitution, qu'aurait-elle pensé ? qu'aurait-elle dit ? Ne l'aurait-elle pas prise pour une voleuse ?

*
* *

    Mme Loisel connut la vie horrible des nécessiteux. Elle
260 prit son parti, d'ailleurs, tout d'un coup, héroïquement [4]. Il fallait payer cette dette effroyable. Elle payerait. On renvoya la bonne ; on changea de logement ; on loua sous les toits une mansarde.

---

    1. Sur la valeur de l'argent, voir p. 47, note 3. La somme représente vingt ans des appointements de Maupassant au ministère : voir p. 77, note 1. — 2. Le *louis*, monnaie de compte, valait vingt francs. — 3. Des *billets* à ordre ou promesses d'avoir à payer telle somme, à telle date. — 4. Commenter cet adverbe en comparant avec l'attitude de Madame Bovary.

Elle connut les gros travaux du ménage, les odieuses
265 besognes de la cuisine. Elle lava la vaisselle, usant ses
ongles roses sur les poteries grasses et le fond des casseroles.
Elle savonna le linge sale, les chemises et les torchons,
qu'elle faisait sécher sur une corde; elle descendit à la rue,
chaque matin, les ordures, et monta l'eau, s'arrêtant à
270 chaque étage pour souffler. Et, vêtue comme une femme
du peuple, elle alla chez le fruitier, chez l'épicier, chez le
boucher, le panier au bras, marchandant, injuriée, défen-
dant sou à sou son misérable argent.

Il fallait chaque mois payer des billets [1], en renouveler
275 d'autres, obtenir du temps.

Le mari travaillait, le soir, à mettre au net les comptes
d'un commerçant, et la nuit, souvent, il faisait de la copie
à cinq sous [2] la page.

Et cette vie dura dix ans.

280 Au bout de dix ans, ils avaient tout restitué, tout, avec
le taux de l'usure, et l'accumulation des intérêts superposés.

Mme Loisel semblait vieille, maintenant. Elle était
devenue la femme forte, et dure, et rude, des ménages
pauvres. Mal peignée, avec les jupes de travers et les
285 mains rouges, elle parlait haut, lavait à grande eau les
planchers. Mais parfois, lorsque son mari était au bureau,
elle s'asseyait auprès de la fenêtre, et elle songeait à cette
soirée d'autrefois, à ce bal où elle avait été si belle et si
fêtée.

290 Que serait-il arrivé si elle n'avait point perdu cette
parure? Qui sait? qui sait? Comme la vie est singulière,
changeante! Comme il faut peu de chose pour vous perdre
ou vous sauver!

*
* *

Or, un dimanche, comme elle était allée faire un tour
295 aux Champs-Élysées pour se délasser des besognes de la
semaine, elle aperçut tout à coup une femme qui promenait
un enfant. C'était Mme Forestier, toujours jeune, toujours
belle, toujours séduisante.

---

1. Voir p. 81, note 3. *Renouveler* un billet, c'est reculer l'échéance du remboursement,
moyennant un intérêt supplémentaire. — 2. Soit 0,25 centimes.

Mme Loisel se sentit émue. Allait-elle lui parler? Oui,
300 certes. Et maintenant qu'elle avait payé, elle lui dirait tout.
Pourquoi pas?

Elle s'approcha.

« Bonjour, Jeanne. »

L'autre ne la reconnaissait point, s'étonnant d'être
305 appelée ainsi familièrement par cette bourgeoise [1]. Elle
balbutia :

« Mais... Madame!... Je ne sais... Vous devez vous
tromper.

— Non. Je suis Mathilde Loisel. »
310 Son amie poussa un cri :

« Oh!... ma pauvre Mathilde, comme tu es changée!...

● **La parure**

① Relever (l. 240-250) la précision avec laquelle est évoqué
le mécanisme des emprunts.

② Mme Loisel ne tombe pas de très haut. Cependant elle subit
une chute vertigineuse. Comparer avec la décadence de Gervaise,
dans *l'Assommoir*, quand elle est amenée à vendre sa blanchis-
serie, puis à se prostituer. Mais Maupassant est plus pessimiste
que Zola. En quoi?

③ Qu'y a-t-il de doublement cruel dans la conclusion?

④ Il y a un thème dans ce conte. Imaginer ce thème traité au
XVe siècle par l'auteur d'un « conte moral »; au XVIIe siècle,
par un fabuliste; au XXe, par un ironiste comme Anatole France.
Penser au : *A la manière de Daudet* que Reboux et Muller ont
donné comme conclusion. On y voit Mme Forestier rembourser
36 000 — 500 = 35 500 francs aux Loisel, qui consacrent cette
somme à l'achat d'un pavillon de banlieue du plus mauvais goût.
La gêne que l'on éprouve à la lecture de ce conte a plusieurs
causes :
— le snobisme de Maupassant qui, simple commis de ministère
mais homme du monde, raille ses collègues et se moque des invita-
tions officielles (cartes imprimées et non gravées, l. 53);
— le fait que l'apparence de la richesse ne peut tromper les
connaisseurs, et la conviction qu'il y aura toujours des pauvres
pour envier les riches et en être méprisés.

⑤ D'après les lignes 264-273, dire si nous jugerions les choses
aujourd'hui de la même façon que Maupassant en 1884.

---

1. Le mot est pris ici dans un sens péjoratif : femme du peuple. On notera la curieuse
évolution de sens du mot depuis cette époque.

— Oui, j'ai eu des jours bien durs, depuis que je ne t'ai vue; et bien des misères... et cela à cause de toi!...

— De moi... Comment ça?

315 — Tu te rappelles bien cette rivière de diamants que tu m'as prêtée pour aller à la fête du ministère.

— Oui. Eh bien?

— Eh bien, je l'ai perdue.

— Comment! puisque tu me l'as rapportée.

320 — Je t'en ai rapporté une autre toute pareille. Et voilà dix ans que nous la payons. Tu comprends que ça n'était pas aisé pour nous, qui n'avions rien... Enfin c'est fini, et je suis rudement contente.

— Tu dis que tu as acheté une rivière de diamants pour 325 remplacer la mienne?

— Oui. Tu ne t'en étais pas aperçue, hein? Elles étaient bien pareilles. »

Et elle souriait d'une joie orgueilleuse et naïve.

Mme Forestier, fort émue, lui prit les deux mains.

330 « Oh! ma pauvre Mathilde! Mais la mienne était fausse. Elle valait au plus cinq cents francs!... »

(17 février 1884.)

PROMENADE

Quand le père Leras, teneur de livres [1] *comptable* chez MM. Labuze et Cie, sortit du magasin, il demeura quelques instants ébloui par l'éclat du soleil couchant. Il avait travaillé tout le jour sous la lumière jaune du bec de gaz, au fond de
5 l'arrière-boutique, sur la cour étroite et profonde comme un puits. La petite pièce où depuis quarante ans il passait ses journées était si sombre que, même dans le fort de l'été, c'est à peine si on pouvait se dispenser de l'éclairer de onze heures à trois heures.
10 Il y faisait toujours humide et froid; et les émanations de cette sorte de fosse, où s'ouvrait la fenêtre, entraient dans la pièce obscure, l'emplissaient d'une odeur moisie et d'une puanteur d'égout.

M. Leras, depuis quarante ans, arrivait chaque matin à
15 huit heures dans cette prison; et il y demeurait jusqu'à sept heures du soir, courbé sur ses livres, écrivant avec une application de bon employé.

Il gagnait maintenant trois mille francs par an, ayant débuté à quinze cents francs. Il était demeuré célibataire,
20 ses moyens ne lui permettant pas de prendre femme. Et n'ayant jamais joui de rien, il ne désirait pas grand'chose. De temps en temps, cependant, las de sa besogne monotone et continue, il formulait un vœu platonique : « Cristi, si j'avais cinq mille livres de rentes, je me la coulerais
25 douce [2]. »

Il ne se l'était jamais coulée douce, d'ailleurs, n'ayant jamais eu que ses appointements [3] mensuels.

Ce conte parut dans le « Gil Blas » du 27 mai 1884. Il figure dans le tome intitulé « Yvette » (Albin Michel et Conard), dans le tome V de la Librairie de France et le tome II de l'édition Schmidt-Delaisement.

1. Comptable. — 2. Expression argotique, pour : j'aurais la vie *douce*. Après la Révolution française, il devint de bon ton d'utiliser ces appellations devenues illégales : une livre (pour : un franc) et un louis (pour : vingt francs). — 3. Ce mot est employé particulièrement pour le salaire des employés du commerce et de l'industrie. C'est donc le terme juste ici.

Sa vie s'était passée sans événements, sans émotions et presque sans espérances. La faculté des rêves, que chacun
30 porte en soi, ne s'était jamais développée dans la médiocrité de ses ambitions.

Il était entré à vingt et un ans chez MM. Labuze et Cⁱᵉ. Et il n'en était plus sorti.

En 1856, il avait perdu son père, puis sa mère en 1859. Et
35 depuis lors, rien qu'un [1] déménagement en 1868, son propriétaire ayant voulu l'augmenter [2].

Tous les jours, son réveille-matin, à six heures précises, le faisait sauter du lit par un effroyable bruit de chaîne qu'on déroule.
40 Deux fois, cependant, cette mécanique s'était détraquée, en 1866 et en 1874, sans qu'il eût jamais su pourquoi. Il s'habillait, faisait son lit, balayait sa chambre, époussetait son fauteuil et le dessus de sa commode. Toutes ces besognes lui demandaient une heure et demie.
45 Puis il sortait, achetait un croissant à la boulangerie Lahure, dont il avait connu onze patrons différents sans qu'elle perdît son nom, et il se mettait en route en mangeant ce petit pain.

Son existence tout entière s'était donc accomplie dans
50 l'étroit bureau sombre tapissé du même papier. Il y était entré jeune, comme aide de M. Brument, et avec le désir de le remplacer.

Il l'avait remplacé et n'attendait plus rien.

Toute cette moisson de souvenirs que font les autres
55 hommes dans le courant de leur vie, les événements imprévus, les amours douces ou tragiques, les voyages aventureux, tous les hasards d'une existence libre lui étaient demeurés étrangers.

Les jours, les semaines, les mois, les saisons, les années
60 s'étaient ressemblés. A la même heure, chaque jour, il se levait, partait, arrivait au bureau, déjeunait, s'en allait, dînait, et se couchait sans que rien eût jamais interrompu la régulière monotonie des mêmes actes, des mêmes faits et des mêmes pensées.
65 Autrefois il regardait sa moustache blonde et ses cheveux

---

1. Noter la vigoureuse éllipse, qui rend le style narratif particulièrement alerte. — 2. *Augmenter* son loyer.

bouclés dans la petite glace ronde laissée par son prédéces-
seur. Il contemplait maintenant, chaque soir, avant de partir, sa moustache blanche et son front chauve dans la même
glace. Quarante ans s'étaient écoulés, longs et rapides,
70 vides comme un jour de tristesse et pareils comme les heures
d'une mauvaise nuit ! Quarante ans dont il ne restait rien,
pas même un souvenir, pas même un malheur, depuis la
mort de ses parents. Rien.

Ce jour-là, M. Leras demeura ébloui, sur la porte de la
75 rue, par l'éclat du soleil couchant ; et, au lieu de rentrer
chez lui, il eut l'idée de faire un petit tour avant dîner, ce
qui lui arrivait quatre ou cinq fois par an.

Il gagna les boulevards, où coulait un flot de monde sous
les arbres reverdis. C'était un soir de printemps, un de ces
80 premiers soirs chauds et mous qui troublent les cœurs d'une
ivresse de vie.

M. Leras allait de son pas sautillant de vieux ; il allait
avec une gaieté dans l'œil, heureux de la joie universelle
et de la tiédeur de l'air.

85 Il gagna les Champs-Élysées et continua de marcher,
ranimé par les effluves de jeunesse qui passaient dans les
brises.

Le ciel entier flambait ; et l'Arc de triomphe découpait
sa masse noire sur le fond éclatant de l'horizon, comme

- **Promenade**

① La peinture de la médiocrité ; montrer l'économie systématique des moyens utilisés pour décrire ce qui, en soi, pourrait
sembler n'avoir pas à être décrit.

② Rechercher des textes de Maupassant où se traduit l'horreur
des choses sans cesse recommencées. Ne fait-il pas ici un retour
sur lui-même ? Il aurait pu rester commis au ministère jusqu'à
l'âge de la retraite.
Rapprocher son attitude de celle de Jules Laforgue : « Ah ! que
la vie est quotidienne ! » et de celle de Victor Hugo dans *Melan-
cholia* :
       Où vont tous ces enfants dont pas un seul ne rit,
       Ces filles de douze ans qu'on voit cheminer seules ?
       Ils s'en vont travailler quinze heures sous des meules...

③ Commenter cette expression (l. 72) : *pas même un souvenir.*

④ Quelle phrase marque l'absolu du pessimisme ?

⑤ Le sens du comique terne (l. 34-36) : en quoi cette forme de
comique diffère-t-elle de l'humour ?

[90] un géant debout dans un incendie. Quand il fut arrivé
auprès du monstrueux [1] monument, le vieux teneur de livres
sentit qu'il avait faim, et il entra chez un marchand de
vins [2] pour dîner.

On lui servit devant la boutique, sur le trottoir, un pied
[95] de mouton-poulette [3], une salade et des asperges; et
M. Leras fit le meilleur dîner qu'il eût fait depuis longtemps. Il arrosa son fromage de Brie d'une demi-bouteille
de bordeaux fin; puis il but une tasse de café, ce qui lui
arrivait rarement, et ensuite un petit verre de fine cham-
[100] pagne.

Quand il eut payé, il se sentit tout gaillard, tout guilleret,
un peu troublé même. Et il se dit : « Voilà une bonne soirée.
Je vais continuer ma promenade jusqu'à l'entrée du bois
de Boulogne. Ça me fera du bien. »

[105] Il repartit. Un vieil air, que chantait autrefois une de ses
voisines, lui revenait obstinément dans la tête :

> Quand le bois reverdit,
> Mon amoureux me dit :
> Viens respirer, ma belle,
> Sous la tonnelle.

Il le fredonnait sans fin, le recommençait toujours. La
nuit était descendue sur Paris, une nuit sans vent, une nuit
d'étuve. M. Leras suivait l'avenue du Bois de Boulogne [4]
[110] et regardait passer les fiacres. Ils arrivaient, avec leurs yeux
brillants, l'un derrière l'autre, laissant voir une seconde
un couple enlacé, la femme en robe claire et l'homme vêtu
de noir [5].

C'était une longue procession d'amoureux, promenés
[115] sous le ciel étoilé et brûlant. Il en venait toujours, toujours.
Ils passaient, passaient, allongés dans les voitures, muets,
serrés l'un contre l'autre, perdus dans l'hallucination, dans
l'émotion du désir, dans le frémissement de l'étreinte pro-

---

1. Le mot n'a pas ici un sens péjoratif; il évoque les dimensions du monument. — 2. *Marchand de vins :* ils servaient des repas, en général à des prix modérés : « Vers la même époque [l'exposition de 1855] un marchand de vins de la rue Saint-Martin donne pour 0,70 F une assiette de tripes à la mode de Caen, bien odorantes dans leur jus, une bouteille de cidre et un gros morceau de pain » (H. d'Alméras, *la Vie parisienne sous le Second Empire*, p. 310). — 3. La sauce *poulette* est faite avec du beurre, du jaune d'œuf et un filet de vinaigre. — 4. Aujourd'hui l'avenue Foch. On retrouve fréquemment le thème du Bois de Boulogne chez les écrivains naturalistes, particulièrement Maupassant, Zola et Daudet. — 5. C'est-à-dire en habit de soirée.

chaine. L'ombre chaude semblait pleine de baisers qui vole-
120 taient, flottaient. Une sensation de tendresse alanguissait
l'air, le faisait plus étouffant. Tous ces gens enlacés, tous
ces gens grisés de la même attente, de la même pensée,
faisaient courir une fièvre autour d'eux. Toutes ces voitures, pleines de caresses, jetaient sur leur passage comme
125 une émanation subtile et troublante.

M. Leras, un peu las à la fin de marcher, s'assit sur un
banc pour regarder défiler ces fiacres chargés d'amour. [...]

L'amour! il ne le connaissait guère. Il n'avait eu dans sa
vie que deux ou trois femmes, par hasard, par surprise, ses
130 moyens ne lui permettant aucun extra [1]. Et il songeait à
cette vie qu'il avait menée, si différente de la vie de tous,
à cette vie si sombre, si morne, si plate, si vide.

Il y a des êtres qui n'ont vraiment pas de chance. Et tout
d'un coup, comme si un voile épais se fût déchiré, il aperçut
135 la misère, l'infinie, la monotone misère de son existence : la
misère passée, la misère présente, la misère future : les
derniers jours pareils aux premiers, sans rien devant lui,
rien derrière lui, rien autour de lui, rien dans le cœur, rien [2]
nulle part.

140 Le défilé des voitures allait toujours. Toujours il voyait
paraître, et disparaître dans le rapide passage du fiacre
découvert, les deux êtres silencieux et enlacés. Il lui semblait
que l'humanité tout entière défilait devant lui, grise de joie,
de plaisir, de bonheur. Et il était seul à la regarder, seul,
145 tout à fait seul. Il serait encore seul demain, seul toujours,
seul comme personne n'est seul.

Il se leva, fit quelques pas, et brusquement fatigué, comme
s'il venait d'accomplir un long voyage à pied, il se rassit
sur le banc suivant.

150 Qu'attendait-il? Qu'espérait-il? Rien. Il pensait qu'il doit
être bon, quand on est vieux, de trouver, en rentrant au
logis, des petits enfants qui babillent. Vieillir est doux quand
on est entouré de ces êtres qui vous doivent la vie, qui vous
aiment, vous caressent, vous disent ces mots charmants et
155 niais qui réchauffent le cœur et consolent de tout.

Et, songeant à sa chambre vide, à sa petite chambre

---

1. Expression familière : il ne peut se permettre aucune dépense qui soit en dehors
du strict nécessaire. — 2. Noter, dans cette phrase, l'utilisation systématique des mots
négatifs.

propre et triste, où jamais personne n'entrait que lui, une
sensation de détresse lui étreignit l'âme. Elle lui apparut,
cette chambre, plus lamentable encore que son petit bureau.
160   Personne n'y venait; personne n'y parlait jamais. Elle
était morte, muette, sans écho de voix humaine. On dirait
que les murs gardent quelque chose des gens qui vivent
dedans, quelque chose de leur allure, de leur figure, de leurs
paroles. Les maisons habitées par des familles heureuses
165 sont plus gaies que les demeures des misérables. Sa
chambre était vide de souvenirs comme sa vie. Et la pensée
de rentrer dans cette pièce, tout seul, de se coucher dans
son lit, de refaire tous ses mouvements et toutes ses
besognes de chaque soir l'épouvanta. Et, comme pour
170 s'éloigner davantage de ce logis sinistre et du moment où
il faudrait y revenir, il se leva et, rencontrant soudain la
première allée du bois, il entra dans un taillis pour s'asseoir
sur l'herbe...
     Il entendit autour de lui, au-dessus de lui, partout, une
175 rumeur confuse, immense, continue, faite de bruits innom-
brables et différents, une rumeur sourde, proche, lointaine,
une vague et énorme palpitation de vie : le souffle de Paris,
respirant comme un être colossal [1].

     Le soleil déjà haut versait un flot de lumière sur le bois de
180 Boulogne. Quelques voitures commençaient à circuler; et
les cavaliers arrivaient gaiement.
     Un couple allait au pas dans une allée déserte. Tout à
coup, la jeune femme, levant les yeux, aperçut dans les
branches quelque chose de brun; elle leva la main, étonnée,
185 inquiète :
     « Regardez... qu'est-ce que c'est? »
     Puis, poussant un cri, elle se laissa tomber dans les bras
de son compagnon, qui dut la déposer à terre.
     Les gardes, appelés bientôt, décrochèrent un vieux
190 homme pendu au moyen de ses bretelles.

---

1. Le mot *colossal*, comme *monstrueux* (l. 91), fait penser à Zola, et l'expression *le souffle
de Paris* donne au tableau un élargissement qui rappelle les dernières lignes de *Germinal*
ou les élans lyriques de *Fécondité*.

On constata que le décès remontait à la veille au soir. Les papiers trouvés sur lui révélèrent qu'il était teneur de livres chez MM. Labuze et Cie et qu'il se nommait Leras.

195 On attribua la mort à un suicide dont on ne put soupçonner les causes. Peut-être un accès subit de folie?

(27 mai 1884)

l'acte lucide fait pas un homme désperés

● **Le pessimisme de Maupassant**

D'après Sartre, l'homme « délaissé », c'est-à-dire livré à lui-même en face d'un univers opaque et impénétrable, se sent envahi par le « désespoir »; aucune doctrine toute faite ne peut l'aider, et c'est « l'angoisse », qui est la conscience de sa « totale et profonde responsabilité ».

Maupassant lui-même écrivait de Schopenhauer, dans *Auprès d'un mort* :

« Jouisseur désabusé, il a renversé les croyances, les espoirs, les poésies, les chimères, détruit les aspirations, ravagé la confiance des âmes, tué l'amour, abattu le culte idéal de la femme, crevé les illusions des cœurs, accompli la plus gigantesque besogne de sceptique qui ait jamais été faite. »

① Éclairer le pessimisme de Maupassant à l'aide de cette définition.

② Noter ce qui, dans le style, laisse attendre l'imprévu.

③ Étudier (l. 74-178) le va-et-vient constant de la chose vue à la chose suggérée et de la chose suggérée à la chose vue, ainsi que l'importance psychologique de l'immobilité de Leras assistant au *défilé des voitures* (l. 140).

Litho d'après A. Morlon
« La berge était couverte de gens qui s'en venaient
par familles, ou par bandes, ou deux par deux... »
(La Femme de Paul, l. 23-24)

CL. GIRAUDON

IV. LES CANOTIERS

LA FEMME DE PAUL

[...]

L'immense radeau, couvert d'un toit goudronné que supportent des colonnes de bois, est relié à l'île charmante de Croissy[1] par deux passerelles dont l'une pénètre au milieu de cet établissement aquatique, tandis que l'autre en fait communiquer l'extrémité avec un îlot minuscule planté d'un arbre et surnommé le « Pot-à-Fleurs », et, de là, gagne la terre auprès du bureau des bains[2].

M. Paul attacha son embarcation le long de l'établissement, il escalada la balustrade du café, puis, prenant les mains de sa maîtresse, il l'enleva, et tous deux s'assirent au bout d'une table face à face.

De l'autre côté du fleuve, sur le chemin de halage, une longue file d'équipages s'alignait. Les fiacres alternaient avec de fines voitures de gommeux[3] : les uns lourds, au ventre énorme écrasant les ressorts, attelés d'une rosse[4] au cou tombant, aux genoux cassés ; les autres sveltes, élancées sur des roues minces, avec des chevaux aux jambes grêles et tendues, au cou dressé, au mors neigeux d'écume, tandis que le cocher, gourmé dans sa livrée, la tête raide en

---

Ce conte, dont nous ne donnons qu'un fragment, parut à une date et en un lieu encore inconnus, dit M. Delaisement dans sa bibliographie. Il figure dans le tome intitulé « La Maison Tellier » (Albin Michel et Conard), dans le tome I de la Librairie de France et le tome I de l'édition Schmidt-Delaisement. Il n'est pas exclu que Maupassant l'ait écrit pour le recueil, quand on se souvient que l'on n'a pas retrouvé non plus trace d'une publication préoriginale de « la Maison Tellier ».

1. *Croissy-sur-Seine*, dans les Yvelines, à quelques kilomètres de Versailles. — 2. Maupassant évoque ici des souvenirs très précis de sa vie de canotier. Consulter l'ouvrage d'Armand Lanoux, *Maupassant, le Bel Ami*, Fayard, 1967. — 3. Terme d'argot du boulevard, pour désigner quelqu'un qui ne se soucie que de son élégance. — 4. Terme familier : un mauvais cheval.

son grand col, demeurait les reins inflexibles et le fouet sur
un genou.

La berge était couverte de gens qui s'en venaient par
familles, ou par bandes, ou deux par deux, ou solitaires.
25 Ils arrachaient des brins d'herbe, descendaient jusqu'à
l'eau, remontaient sur le chemin, et tous, arrivés au même
endroit, s'arrêtaient, attendant le passeur. Le lourd bachot [1]
allait sans fin d'une rive à l'autre, déchargeant dans l'île
ses voyageurs.

30 Le bras de la rivière (qu'on appelle le bras mort), sur
lequel donne ce ponton à consommations, semblait dormir, tant le courant était faible. Des flottes de yoles, de
skifs, de périssoires, de podoscaphes, de gigs [2], d'embarca-
tions de toute forme et de toute nature, filaient sur l'onde
35 immobile, se croisant, se mêlant, s'abordant, s'arrêtant
brusquement d'une secousse des bras pour s'élancer de
nouveau sous une brusque tension des muscles, et glisser
vivement comme de longs poissons jaunes ou rouges.

Il en arrivait d'autres sans cesse : les unes de Chatou, en
40 amont; les autres de Bougival [3], en aval; et des rires allaient
sur l'eau d'une barque à l'autre, des appels, des interpellations ou des engueulades. Les canotiers exposaient à l'ardeur du jour la chair brunie et bosselée de leurs biceps;
et, pareilles à des fleurs étranges, à des fleurs qui nageraient,
45 les ombrelles de soie rouge, verte, bleue ou jaune des bar-
reuses s'épanouissaient à l'arrière des canots.

Un soleil de juillet flambait au milieu du ciel; l'air
semblait plein d'une gaieté brûlante; aucun frisson de brise
ne remuait les feuilles des saules et des peupliers.
50 Là-bas, en face, l'inévitable Mont Valérien [4] étageait
dans la lumière crue ses talus fortifiés; tandis qu'à droite,
l'adorable coteau de Louveciennes, tournant avec le fleuve,
s'arrondissait en demi-cercle, laissant passer par places,
à travers la verdure puissante et sombre des grands jardins,
55 les blanches murailles des maisons de campagne.

---

1. Bateau plat, à rames. — 2. Le *skif* (plus volontiers orthographié *skiff*) est un
bateau de course étroit et long à un rameur; la *yole* est un canot de plaisance, de deux à
six rameurs; la *périssoire* est mue avec les pagaies; le *podoscaphe* est formé de deux
flotteurs dans lesquels on met les pieds et qui permet de marcher sur l'eau; le *gig* est une
petite embarcation très légère. Maupassant fait ici étalage de sa science en sport nautique.
— 3. *Bougival* et *Chatou* étaient les lieux de rendez-vous favoris des canotiers parisiens.
— 4. Voir p. 29, note 1.

Aux abords de la Grenouillère [1], une foule de promeneurs circulait sous les arbres géants qui font de ce coin d'île le plus délicieux parc du monde. Des femmes, des filles aux cheveux jaunes [2], aux seins démesurément rebondis, à la
60 croupe exagérée, au teint plâtré de fard, aux yeux charbonnés, aux lèvres sanguinolentes, lacées, sanglées en des robes extravagantes, traînaient sur les frais gazons le mauvais goût criard de leurs toilettes ; tandis qu'à côté d'elles des jeunes gens posaient en leurs accoutrements de gravures de
65 modes [3], avec des gants clairs, des bottes vernies, des badines grosses comme un fil et des monocles ponctuant la niaiserie de leur sourire.

L'île est étranglée juste à la Grenouillère, et, sur l'autre bord, où un bac aussi fonctionne amenant sans cesse les gens
70 de Croissy, le bras rapide, plein de tourbillons, de remous, d'écume, roule avec des allures de torrent. Un détachement de pontonniers, en uniforme d'artilleurs, est campé sur cette berge, et les soldats, assis en ligne sur une longue poutre, regardaient couler l'eau.

75 Dans l'établissement flottant, c'était une cohue furieuse et hurlante. Les tables de bois, où les consommations répandues faisaient de minces ruisseaux poisseux, étaient couvertes de verres à moitié vides et entourées de gens à moitié gris. Toute cette foule criait, chantait, braillait. Les
80 hommes, le chapeau en arrière, la face rougie, avec des yeux luisants d'ivrognes, s'agitaient en vociférant par un besoin de tapage naturel aux brutes. Les femmes, cherchant une proie pour le soir, se faisaient payer à boire en attendant ; et, dans l'espace libre entre les tables, dominait le public
85 ordinaire du lieu, un bataillon de canotiers *chahuteurs* [4] avec leurs compagnes en courte jupe de flanelle.

Un d'eux se démenait au piano et semblait jouer des pieds et des mains ; quatre couples bondissaient un qua-

---

1. *La Grenouillère* : ce terme, qui évoque un marécage, s'emploie, d'après le *Grand Larousse encyclopédique*, pour désigner un « endroit d'une rivière aménagé pour la baignade ». Voici en quels termes Armand Lanoux (p. 87) parle de la Grenouillère de Chatou : « Le centre de cet Eldorado du dimanche, souvent décrit, particulièrement dans *La Femme de Paul* et *Yvette*, était le nombril de l'impressionnisme, un remous d'eau brassée et de foule gouailleuse et débraillée. » — 2. Ces *filles aux cheveux jaunes* évoquent, pour nous, la Goulue de Toulouse-Lautrec. — 3. On retrouve précisément, dans les « gravures de mode » de l'époque, les détails vestimentaires décrits par Maupassant : badine, bottes, gants clairs. Balzac appelait déjà son dandy, Maxime de Trailles, « l'homme aux gants jaunes ». — 4. Au propre : qui dansent le *chahut*, sorte de danse désordonnée ; au figuré : se dépensent en contorsions désordonnées pour s'amuser.

drille [1]; et des jeunes gens les regardaient, élégants, corrects,
90 qui auraient semblé comme il faut si la tare, malgré tout,
n'eût apparu.

Car on sent là, à pleines narines, toute l'écume du monde,
toute la crapulerie distinguée, toute la moisissure de la
société parisienne : mélange de calicots [2], de cabotins [3],
95 d'infimes journalistes, de gentilshommes en curatelle [4], de
boursicotiers [5] véreux, de noceurs tarés, de vieux viveurs
pourris ; cohue interlope de tous les êtres suspects, à moitié
connus, à moitié perdus, à moitié salués, à moitié désho-
norés, filous, fripons, procureurs de femmes [6], cheva-
100 liers d'industrie [7] à l'allure digne, à l'air matamore qui
semble dire : « Le premier qui me traite de gredin, je le
crève. »

Ce lieu sue la bêtise, pue la canaillerie et la galanterie de
bazar. Mâles et femelles s'y valent. Il y flotte une odeur
105 d'amour, et l'on s'y bat pour un oui ou pour un non, afin
de soutenir des réputations vermoulues que les coups d'épée
et les balles de pistolet ne font que crever davantage.

Quelques habitants des environs y passent en curieux,
chaque dimanche ; quelques jeunes gens, très jeunes, y
110 apparaissent chaque année, apprenant à vivre. Des promeneurs, flânant, s'y montrent ; quelques naïfs s'y égarent.

C'est, avec raison, nommé la Grenouillère. A côté du
radeau couvert où l'on boit, et tout près du « Pot-à-Fleurs »,
on se baigne. Celles des femmes dont les rondeurs sont
115 suffisantes viennent là montrer à nu leur étalage et faire le
client. Les autres, dédaigneuses, bien qu'amplifiées par le
coton, étayées de ressorts, redressées par-ci, modifiées par-
là, regardent d'un air méprisant barboter leurs sœurs.

Sur une petite plate-forme, les nageurs se pressent pour
120 piquer leur tête. Ils sont longs comme des échalas, ronds
comme des citrouilles, noueux comme des branches d'olivier, courbés en avant ou rejetés en arrière par l'ampleur
du ventre, et, invariablement laids, ils sautent dans l'eau
qui rejaillit jusque sur les buveurs du café.

----

1. Danse où s'illustrèrent, à la fin du XIXᵉ siècle, la Goulue et Valentin le Désossé,
Casque d'or et Grille d'égout. Noter la construction du verbe. — 2. Employés de
magasins. — 3. Mauvais acteurs de petits théâtres. — 4. Qui ont un conseil judiciaire.
— 5. Boursiers malhonnêtes : le ver est dans le fruit. — 6. Expression forte pour
désigner les proxénètes. — 7. Escrocs de grande ou de petite envergure.

¹²⁵   Malgré les arbres immenses penchés sur la maison flot-
tante et malgré le voisinage de l'eau, une chaleur suffocante
emplissait ce lieu. Les émanations des liqueurs répandues
se mêlaient à l'odeur des corps et à celle des parfums vio-
lents dont la peau des marchandes d'amour est pénétrée et
¹³⁰ qui s'évaporaient dans cette fournaise. Mais sous toutes
ces senteurs diverses flottait un arome léger de poudre de
riz qui parfois disparaissait, reparaissait, qu'on retrouvait
toujours, comme si quelque main cachée eût secoué dans
l'air une houppe invisible.
¹³⁵   Le spectacle était sur le fleuve, où le va-et-vient incessant
des barques tirait les yeux. Les canotières s'étalaient dans
leur fauteuil en face de leurs mâles aux forts poignets, et
elles considéraient avec mépris les quêteuses de dîners
rôdant par l'île.
¹⁴⁰   Quelquefois, quand une équipe lancée passait à toute
vitesse, les amis descendus à terre poussaient des cris, et
tout le public, subitement pris de folie, se mettait à hurler.
    Au coude de la rivière, vers Chatou, se montraient sans
cesse des barques nouvelles. Elles approchaient, grandis-
¹⁴⁵ saient, et, à mesure qu'on reconnaissait les visages, d'autres
vociférations partaient. [...]

● **Le naturalisme de Maupassant**

On peut relever, dans ce texte qui, à première vue, fait penser
à la peinture impressionniste, les constantes du naturalisme :
— le pessimisme (l. 92 et suiv.);
— le pittoresque (l. 56 et suiv.);
— le goût de la « fiche » (l. 15 et suiv., l. 32 et suiv.).

① Étudier, du point de vue du style, la description des voitures
(l. 14-22). Comment Maupassant parvient-il à tout faire voir
avec très peu de mots?

② Analyser la technique de l'animation en précisant le rôle des
bruits et des couleurs. Comparer ce passage avec la composition
de Renoir pour *les Canotiers* (exposition impressionniste de 1882).

③ Rapprocher les filles de la Grenouillère de celles de Toulouse-
Lautrec.

④ En quoi cette humanité pourrie rappelle-t-elle celle de
Huysmans, particulièrement dans les romans antérieurs à sa
conversion, comme *Marthe, histoire d'une fille*, ou *les Sœurs
Vatard*.

Pêcheurs près de Port-Marly

« — Ah! me dit-il, combien j'ai de souvenirs
sur cette rivière que vous voyez couler là, près
de nous! Vous autres, habitants des rues, vous
ne savez pas ce qu'est la rivière... »

(Sur l'eau, l. 16 et suiv.)

SUR L'EAU

J'avais loué, l'été dernier, une petite maison de campagne au bord de la Seine, à plusieurs lieues de Paris, et j'allais y coucher tous les soirs. Je fis, au bout de quelques jours, la connaissance d'un de mes voisins, un homme de trente à quarante ans, qui était bien le type le plus curieux que j'eusse jamais vu. C'était un vieux canotier, mais un canotier enragé, toujours près de l'eau, toujours sur l'eau, toujours dans l'eau. Il devait être né dans un canot, et il mourra bien certainement dans le canotage final [1].

Un soir que nous nous promenions au bord de la Seine, je lui demandai de me raconter quelques anecdotes de sa vie nautique. Voilà immédiatement mon bonhomme qui s'anime, se transfigure, devient éloquent, presque poète. Il avait dans le cœur une grande passion, une passion dévorante, irrésistible : la rivière.

— Ah! me dit-il, combien j'ai de souvenirs sur cette rivière que vous voyez couler là près de nous! Vous autres, habitants des rues, vous ne savez pas ce qu'est la rivière. Mais écoutez un pêcheur prononcer ce mot. Pour lui, c'est la chose mystérieuse, profonde, inconnue, le pays des mirages et des fantasmagories, où l'on voit, la nuit, des choses qui ne sont pas, où l'on entend des bruits que l'on ne connaît point, où l'on tremble sans savoir pourquoi, comme en traversant un cimetière : et c'est en effet le plus sinistre des cimetières, celui où l'on n'a point de tombeau.

La terre est bornée pour le pêcheur, et dans l'ombre, quand il n'y a pas de lune, la rivière est illimitée. Un marin n'éprouve point la même chose pour la mer. Elle est souvent dure et méchante, c'est vrai, mais elle crie, elle hurle, elle est loyale, la grande mer; tandis que la rivière est silen-

_____ _

Ce conte parut dans « Le Bulletin français » de mars 1876. Il figure dans le tome intitulé « La Maison Tellier » (Albin Michel et Conard), dans le tome I de la Librairie de France et le tome II de l'édition Schmidt-Delaisement.

1. Noter le pessimisme amer qui se dégage de cette plaisanterie grinçante (cf. l. 25).

cieuse et perfide. Elle ne gronde pas, elle coule toujours
sans bruit, et ce mouvement éternel de l'eau qui coule est
plus effrayant pour moi que les hautes vagues de l'Océan.

35   Des rêveurs prétendent que la mer cache dans son sein
d'immenses pays bleuâtres, où les noyés roulent parmi les
grands poissons, au milieu d'étranges forêts et dans des
grottes de cristal [1]. La rivière n'a que des profondeurs
noires où l'on pourrit dans la vase. Elle est belle pourtant
quand elle brille au soleil levant et qu'elle clapote douce-
40   ment entre ses berges couvertes de roseaux qui murmurent.
    Le poète a dit en parlant de l'Océan :

> *O flots, que vous savez de lugubres histoires !*
> *Flots profonds, redoutés des mères à genoux,*
> *Vous vous les racontez en montant les marées*
> *Et c'est ce qui vous fait ces voix désespérées*
> *Que vous avez, le soir, quand vous venez vers nous* [2].

    Eh bien, je crois que les histoires chuchotées par les
roseaux minces avec leurs petites voix si douces doivent être
encore plus sinistres que les drames lugubres racontés par
45   les hurlements des vagues.
    Mais puisque vous me demandez quelques-uns de mes
souvenirs, je vais vous dire une singulière aventure qui
m'est arrivée ici, il y a une dizaine d'années.
    J'habitais, comme aujourd'hui, la maison de la mère
50   Lafon, et un de mes meilleurs camarades, Louis Bernet,

● Dans le chapitre VI de *L'Eau et les Rêves, essai sur l'imagination
de la matière*, « Pureté et purification », « la morale de l'eau »
(p. 181), Gaston Bachelard précise la valeur symbolique de
l'impureté de l'eau : « L'eau impure, pour l'inconscient, est un
réceptacle du mal, un réceptacle ouvert à tous les maux; c'est
une substance du mal. » Cette remarque peut éclairer la description amère de Maupassant (l. 33-45).

① Cette introduction constitue un curieux mélange de conte
surréaliste, d'étude psychanalytique et de simple récit féerique
dans la tradition germanique ou scandinave. Essayer de dégager
la personnalité de Maupassant à travers ces diverses indications.

---

1. Atmosphère des légendes scandinaves et bretonnes (légende de la ville d'Ys). —
2. Victor Hugo, « Oceano Nox » (*Les Rayons et les Ombres*, 1840).

qui a maintenant renoncé au canotage, à ses pompes et à
son débraillé [1] pour entrer au Conseil d'État, était installé
au village de C..., deux lieues plus bas. Nous dînions tous
les jours ensemble, tantôt chez lui, tantôt chez moi.

55   Un soir, comme je revenais tout seul et assez fatigué,
traînant péniblement mon gros bateau, un *océan* de douze
pieds [2], dont je me servais toujours la nuit, je m'arrêtai
quelques secondes pour reprendre haleine auprès de la
pointe des roseaux, là-bas, deux cents mètres environ avant
60   le pont du chemin de fer. Il faisait un temps magnifique ;
la lune resplendissait, le fleuve brillait, l'air était calme et
doux. Cette tranquillité me tenta ; je me dis qu'il ferait bien
bon fumer une pipe en cet endroit. L'action suivit la pensée ;
je saisis mon ancre et la jetai dans la rivière.

65   Le canot, qui redescendait avec le courant, fila sa chaîne
jusqu'au bout, puis s'arrêta ; et je m'assis à l'arrière sur ma
peau de mouton, aussi commodément qu'il me fut possible.
On n'entendait rien, rien : parfois seulement, je croyais
saisir un petit clapotement presque insensible de l'eau contre
70   la rive, et j'apercevais des groupes de roseaux plus élevés
qui prenaient des figures surprenantes et semblaient par
moments s'agiter.

Le fleuve était parfaitement tranquille, mais je me sentis
ému par le silence extraordinaire qui m'entourait. Toutes
75   les bêtes, grenouilles et crapauds, ces chanteurs nocturnes
des marécages, se taisaient. Soudain, à ma droite, contre
moi, une grenouille coassa. Je tressaillis : elle se tut ; je
n'entendis plus rien, et je résolus de fumer un peu pour me
distraire. Cependant, quoique je fusse un culotteur de pipes
80   renommé, je ne pus pas ; dès la seconde bouffée, le cœur me
tourna et je cessai. Je me mis à chantonner ; le son de ma
voix m'était pénible ; alors, je m'étendis au fond du bateau
et je regardai le ciel. Pendant quelque temps, je demeurai
tranquille, mais bientôt les légers mouvements de la barque
85   m'inquiétèrent. Il me sembla qu'elle faisait des embardées
gigantesques, touchant tour à tour les deux berges du fleuve ;
puis je crus qu'un être ou qu'une force invisible l'attirait

---

1. Formé sur l'ancien français *braiel* (ceinture), ce mot évoque une mise négligée qui
contraste avec la correction exigée au Conseil d'État, une des principales institutions de
la France. Noter que Maupassant s'amuse à parodier ici la formule de la rénovation
des vœux du baptême : « Je renonce à Satan, à ses pompes et à ses œuvres. » — 2. Voilier
de plaisance très large et dont la longueur dépassait rarement cinq mètres (ici : quatre).

doucement au fond de l'eau et la soulevait ensuite pour la
laisser retomber. J'étais ballotté comme au milieu d'une
90 tempête; j'entendis des bruits autour de moi; je me dressai
d'un bond : l'eau brillait, tout était calme.

Je compris que j'avais les nerfs un peu ébranlés [1] et je
résolus de m'en aller. Je tirai sur ma chaîne; le canot se mit
en mouvement, puis je sentis une résistance, je tirai plus
95 fort, l'ancre ne vint pas; elle avait accroché quelque chose
au fond de l'eau et je ne pouvais la soulever; je recommençai
à tirer, mais inutilement. Alors, avec mes avirons, je fis
tourner mon bateau et je le portai en amont pour changer
la position de l'ancre. Ce fut en vain, elle tenait toujours;
100 je fus pris de colère et je secouai la chaîne rageusement.
Rien ne remua. Je m'assis découragé et je me mis à réfléchir
sur ma position. Je ne pouvais songer à casser cette chaîne
ni à la séparer de l'embarcation, car elle était énorme et
rivée à l'avant dans un morceau de bois plus gros que mon
105 bras; mais comme le temps demeurait fort beau, je pensai
que je ne tarderais point, sans doute, à rencontrer quelque
pêcheur qui viendrait à mon secours. Ma mésaventure
m'avait calmé; je m'assis et je pus enfin fumer ma pipe.
Je possédais une bouteille de rhum, j'en bus deux ou trois
110 verres, et ma situation me fit rire. Il faisait très chaud, de
sorte qu'à la rigueur je pouvais, sans grand mal, passer la
nuit à la belle étoile.

Soudain, un petit coup sonna contre mon bordage. Je fis
un soubresaut, et une sueur froide me glaça des pieds à la
115 tête. Ce bruit venait sans doute de quelque bout de bois entraîné par le courant, mais cela avait suffi et je me sentis
envahi de nouveau par une étrange agitation nerveuse. Je
saisis ma chaîne et je me raidis dans un effort désespéré.
L'ancre tint bon. Je me rassis épuisé.
120 Cependant, la rivière s'était peu à peu couverte d'un
brouillard blanc très épais qui rampait sur l'eau fort bas, de
sorte que, en me dressant debout, je ne voyais plus le fleuve,
ni mes pieds, ni mon bateau, mais j'apercevais seulement
les pointes des roseaux, puis, plus loin, la plaine toute pâle
125 de la lumière de la lune, avec de grandes taches noires qui

---

1. Dans le recueil de souvenirs *Sur l'eau*, nous voyons également le narrateur, le soir,
sur son bateau, essayant d'apaiser ses nerfs à vif. « A peine couché, je sentis que je ne
dormirais pas, et je demeurai sur le dos les yeux fermés, la pensée en éveil, les nerfs vibrants »
(éd. Ollendorff, p. 105).

montaient dans le ciel, formées par des groupes de peupliers d'Italie. J'étais comme enseveli jusqu'à la ceinture dans une nappe de coton d'une blancheur singulière, et il me venait des imaginations fantastiques. Je me figurais qu'on
130 essayait de monter dans ma barque que je ne pouvais plus distinguer, et que la rivière, cachée par ce brouillard opaque, devait être pleine d'êtres étranges qui nageaient autour de moi. J'éprouvais un malaise horrible, j'avais les tempes serrées, mon cœur battait à m'étouffer ; et, perdant la tête,
135 je pensai à me sauver à la nage ; puis aussitôt cette idée me fit frissonner d'épouvante. Je me vis perdu, allant à l'aventure dans cette brume épaisse, me débattant au milieu des herbes et des roseaux que je ne pourrais éviter, râlant de peur, ne voyant pas la berge, ne retrouvant plus mon bateau,
140 et il me semblait que je me sentirais tiré par les pieds tout au fond de cette eau noire.

En effet, comme il m'eût fallu remonter le courant au moins pendant cinq cents mètres avant de trouver un point libre d'herbes et de joncs où je pusse prendre pied, il y avait
145 pour moi neuf chances sur dix de ne pouvoir me diriger dans ce brouillard et de me noyer, quelque bon nageur que je fusse.

J'essayai de me raisonner. Je me sentais la volonté bien ferme de ne point avoir peur, mais il y avait en moi autre
150 chose que ma volonté, et cette autre chose avait peur. Je me demandai ce que je pouvais redouter ; mon *moi* brave railla mon *moi* poltron [1], et jamais aussi bien que ce jour-là je ne saisis l'opposition des deux êtres qui sont en nous, l'un voulant, l'autre résistant, et chacun l'emportant tour à tour.
155 Cet effroi bête et inexplicable grandissait toujours et devenait de la terreur. Je demeurais immobile, les yeux ouverts, l'oreille tendue et attendant. Quoi ? Je n'en savais rien, mais ce devait être terrible. Je crois que si un poisson se

---

● **Du réel au mystère**

① La signification et l'expression du silence : relever, dans les lignes 73-91, ce qui prépare à un drame.

② Faire le plan du récit en marquant une progression dans les détails matériels et psychologiques.

③ Faire une étude stylistique des lignes 73-91.

---

1. Peut-être faut-il voir ici un souvenir de *Tartarin de Tarascon* (1872), où Alphonse Daudet fait une plaisante opposition entre le *moi* brave et le *moi* poltron en imaginant le dédoublement de son personnage en Tartarin-Quichotte et Tartarin-Pança.

fût avisé de sauter hors de l'eau, comme cela arrive sou-
160 vent, il n'en aurait pas fallu davantage pour me faire tomber
raide, sans connaissance.

Cependant, par un effort violent, je finis par ressaisir à
peu près ma raison qui m'échappait. Je pris de nouveau ma
bouteille de rhum et je bus à grands traits. Alors une idée
165 me vint et je me mis à crier de toutes mes forces en me
tournant successivement vers les quatre points de l'horizon.
Lorsque mon gosier fut absolument paralysé, j'écoutai. —
Un chien hurlait, très loin.

Je bus encore et je m'étendis tout de mon long au fond du
170 bateau. Je restai ainsi peut-être une heure, peut-être deux,
sans dormir, les yeux ouverts, avec des cauchemars autour
de moi. Je n'osais pas me lever et pourtant je le désirais
violemment ; je remettais de minute en minute. Je me disais :
« Allons, debout ! » et j'avais peur de faire un mouvement.
175 A la fin, je me soulevai avec des précautions infinies, comme
si ma vie eût dépendu du moindre bruit que j'aurais fait,
et je regardai par-dessus le bord.

Je fus ébloui par le plus merveilleux [1], le plus étonnant
spectacle qu'il soit possible de voir. C'était une de ces
180 fantasmagories du pays des fées, une de ces visions racon-
tées par les voyageurs qui reviennent de très loin et que nous
écoutons sans les croire.

Le brouillard qui, deux heures auparavant, flottait sur
l'eau, s'était peu à peu retiré et ramassé sur les rives. Lais-
185 sant le fleuve absolument libre, il avait formé sur chaque
berge une colline ininterrompue, haute de six ou sept
mètres, qui brillait sous la lune avec l'éclat superbe des
neiges. De sorte qu'on ne voyait rien autre chose que cette
rivière lamée [2] de feu entre ces deux montagnes blanches ;
190 et là-haut, sur ma tête, s'étalait, pleine et large, une grande
lune illuminante au milieu d'un ciel bleuâtre et laiteux [3].

Toutes les bêtes de l'eau s'étaient réveillées ; les grenouilles coassaient furieusement, tandis que, d'instant en
instant, tantôt à droite, tantôt à gauche, j'entendais cette
195 note courte, monotone et triste, que jette aux étoiles la voix

---

1. Le mot est à prendre au sens propre : qui tient du surnaturel. — 2. *Lamé* se dit d'un
tissu orné de minces lames d'argent ou d'or. L'expression *lamée de feu* est donc parfaitement exacte. — 3. Comparer avec Chateaubriand (ses descriptions des nuits dans les
forêts d'Amérique), ou avec certaines évocations de Saint-Exupéry, dans *Vol de nuit*,
par exemple (Voir Lagarde et Michard, *Textes et Littérature*, XXᵉ siècle, p. 491).

cuivrée des crapauds. Chose étrange, je n'avais plus peur;
j'étais au milieu d'un paysage tellement extraordinaire que
les singularités les plus fortes n'eussent pu m'étonner.

Combien de temps cela dura-t-il, je n'en sais rien, car
²⁰⁰ j'avais fini par m'assoupir. Quand je rouvris les yeux, la lune
était couchée, le ciel plein de nuages. L'eau clapotait lugu-
brement, le vent soufflait, il faisait froid, l'obscurité était
profonde.

Je bus ce qui me restait de rhum, puis j'écoutai en grelot-
²⁰⁵ tant le froissement des roseaux et le bruit sinistre de la
rivière. Je cherchai à voir, mais je ne pus distinguer mon
bateau, ni mes mains elles-mêmes, que j'approchais de mes
yeux.

Peu à peu, cependant, l'épaisseur du noir diminua. Sou-
²¹⁰ dain je crus sentir qu'une ombre glissait tout près de moi;
je poussai un cri, une voix répondit; c'était un pêcheur.
Je l'appelai, il s'approcha et je lui racontai ma mésaventure.
Il mit alors son bateau bord à bord avec le mien, et tous les
deux nous tirâmes sur la chaîne. L'ancre ne remua pas.
²¹⁵ Le jour venait, sombre, gris, pluvieux, glacial, une de ces
journées qui vous apportent des tristesses et des malheurs.
J'aperçus une autre barque, nous la hélâmes. L'homme
qui la montait unit ses efforts aux nôtres; alors, peu à peu,
l'ancre céda. Elle montait, mais doucement, doucement, et
²²⁰ chargée d'un poids considérable. Enfin nous aperçûmes
une masse noire, et nous la tirâmes à mon bord :

C'était le cadavre d'une vieille femme qui avait une
grosse pierre au cou.

● **L'aube dissipe l'épouvante**

① Étudier la description clinique de la peur : l. 113-161.

② Montrer l'importance des sensations dans ce passage : c'est
par leur intermédiaire que Maupassant parvient à la connaissance du *moi*. Cf. l'étude de J. Starobinski, *Jean-Jacques
Rousseau. La Transparence et l'Obstacle*, Plon, 1962.

③ Dans quelle mesure peut-on classer ce conte dans la série
des contes de la folie, comme *Le Horla* (voir p. 161)?

④ Rapprocher ce texte d'autres pages consacrées à l'eau *(Au
Soleil; la Vie errante; Sur l'eau)*.

⑤ Malgré le retour au réel, avec le jour, le conte ne reste-t-il pas,
jusqu'à la fin, plongé dans le mystère?

V. LES MONDAINS

FINI

Le comte de Lormerin venait d'achever de s'habiller. Il
jeta un dernier regard dans la grande glace[1] qui tenait un
panneau entier de son cabinet de toilette et sourit.

Il était vraiment encore bel homme, bien que tout gris.
5 Haut, svelte, élégant, sans ventre, le visage maigre avec une
fine moustache de nuance douteuse, qui pouvait passer pour
blonde, il avait de l'allure, de la noblesse, de la distinction,
ce chic enfin, ce je ne sais quoi qui établit entre deux
hommes plus de différence que les millions.

10 Il murmura :

« Lormerin vit encore! »

Et il entra dans son salon, où l'attendait son courrier.

Sur sa table, où chaque chose avait sa place, table de
travail du monsieur qui ne travaille jamais, une dizaine de
15 lettres attendaient à côté de trois journaux d'opinions
différentes. D'un seul coup de doigt il étala toutes ces
lettres, comme un joueur qui donne à choisir une carte;
et il regarda les écritures, ce qu'il faisait chaque matin
avant de déchirer les enveloppes.

20 C'était pour lui un moment délicieux d'attente, de
recherche et de vague angoisse. Que lui apportaient ces
papiers fermés et mystérieux? Que contenaient-ils de plaisir,
de bonheur ou de chagrin? Il les ouvrait de son regard
rapide, reconnaissant les écritures, les choisissant, faisant
25 deux ou trois lots, selon ce qu'il en espérait. Ici, les amis;

Ce conte parut dans « Le Gaulois » du 27 juillet 1885. Il figure dans le tome intitulé « Toine »
(Albin Michel), dans les « Œuvres posthumes » (Conard), le tome VI de la Librairie de France
et le tome I de l'édition Schmidt-Delaisement.

1. Il faut noter l'importance des miroirs dans l'œuvre de Maupassant. Voir en particulier
Bel Ami et *le Horla*. Ici, voir plus loin, l. 108 et 230. Voir également *Un lâche*, l. 150. Armand
Lanoux rappelle (p. 73) le témoignage de Léon Fontaine, canotier ami de Maupassant :
« Je vois encore Guy se plaçant devant une glace et fixant l'eau morte qui ne tardait pas
à le fasciner : scruter son visage dans une glace est une chose tragique. Au bout d'un instant,
le visage pâle, il interrompait ce jeu singulier en s'écriant : *C'est curieux, je vois mon double!* »

là, les indifférents ; plus loin les inconnus. Les inconnus le
troublaient toujours un peu. Que voulaient-ils ? Quelle main
avait tracé ces caractères bizarres, pleins de pensées, de
promesses ou de menaces ?

30   Ce jour-là, une lettre surtout arrêta son œil. Elle était
simple pourtant, sans rien de révélateur ; mais il la considéra
avec inquiétude, avec une sorte de frisson au cœur. Il pensa :
« De qui ça peut-il être ? Je connais certainement cette écriture, et je ne la reconnais pas [1]. »

35   Il l'éleva à la hauteur du visage, en la tenant délicatement
entre deux doigts, cherchant à lire à travers l'enveloppe,
sans se décider à l'ouvrir.

        Puis il la flaira, prit sur la table une petite loupe qui
traînait pour étudier tous les détails des caractères. Un éner-
40 vement l'envahissait. « De qui est-ce ? Cette main-là m'est
familière, très familière. Je dois avoir lu souvent de sa
prose, oui très souvent. Mais ça doit être vieux, très vieux.
De qui diable ça peut-il être ? Baste ! quelque demande
d'argent. »

45   Et il déchira le papier ; puis il lut :

        » Mon cher ami, vous m'avez oubliée, sans doute, car
voici vingt-cinq ans que nous ne nous sommes vus. J'étais
jeune, je suis vieille. Quand je vous ai dit adieu, je quittais
Paris pour suivre, en province, mon mari, mon vieux mari,
50 que vous appeliez « mon hôpital ». Vous en souvenez-vous ?
Il est mort, voici cinq ans ; et, maintenant, je reviens à Paris
pour marier ma fille, car j'ai une fille, une belle fille de dix-
huit ans, que vous n'avez jamais vue. Je vous ai annoncé
son entrée au monde, mais vous n'avez certes pas fait
55 grande attention à un aussi mince événement.

        » Vous, vous êtes toujours le beau Lormerin ; on me l'a
dit. Eh bien, si vous vous rappelez encore la petite Lise,
que vous appeliez Lison, venez dîner ce soir avec elle, avec
la vieille baronne de Vance, votre toujours fidèle amie, qui
60 vous tend, un peu émue, et contente aussi, une main
dévouée, qu'il faut serrer et ne plus baiser, mon pauvre
Jaquelet [2].

                                    » LISE DE VANCE [3]. »

----

1. Noter le jeu d'opposition entre les deux verbes apparentés : il y a là quelque chose
de presque hallucinatoire. — 2. Le démodé de ce diminutif situe les personnages dans le
temps et dans leur espace social. — 3. Ce nom semble sorti d'un pâle roman pour jeunes
filles. *Vance* fait penser à Vence (Alpes-Maritimes), que Maupassant connaissait bien.

Le cœur de Lormerin s'était mis à battre. Il demeurait au
65 fond de son fauteuil, la lettre sur les genoux et le regard
fixe devant lui, crispé par une émotion poignante qui lui
faisait monter des larmes aux yeux !

S'il avait aimé une femme dans sa vie, c'était celle-là, la
petite Lise, Lise de Vance, qu'il appelait Fleur-de-Cendre [1],
70 à cause de la couleur étrange de ses cheveux et du gris pâle
de ses yeux. Oh ! quelle fine, et jolie, et charmante créature c'était, cette frêle baronne, la femme de ce vieux baron
goutteux et bourgeonneux [2] qui l'avait enlevée brusquement
en province, enfermée, séquestrée par jalousie, par jalousie
75 du beau Lormerin.

Oui il l'avait aimée et il avait été bien aimé aussi, croyait-
il. Elle le nommait familièrement Jaquelet, et elle disait ce
mot d'une exquise façon.

Mille souvenirs effacés lui revenaient lointains et doux, et
80 tristes maintenant. Un soir, elle était entrée chez lui en
sortant d'un bal, et ils avaient été faire un tour au bois de
Boulogne : elle décolletée, lui en veston de chambre. C'était
au printemps : il faisait doux. L'odeur de son corsage
embaumait l'air tiède, l'odeur de son corsage et aussi, un
85 peu, celle de sa peau. Quel soir divin ! En arrivant près du
lac, comme la lune tombait dans l'eau à travers les branches,
elle s'était mise à pleurer. Un peu surpris, il demanda
pourquoi.

Elle répondit :
90 « Je ne sais pas ; c'est la lune et l'eau qui m'atten-
drissent. Toutes les fois que je vois des choses poétiques,
ça me serre le cœur et je pleure. »

Il avait souri, ému lui-même, trouvant ça bête et charmant, cette émotion naïve de femme, de pauvre petite fem-
95 me que toutes les sensations ravagent. Et il l'avait embrassée
avec passion, bégayant :

« Ma petite Lise, tu es exquise. »

Quel charmant amour, délicat et court, ça avait été, et
fini si vite aussi, coupé net, en pleine ardeur, par cette
100 vieille brute de baron qui avait enlevé sa femme, et qui ne
l'avait plus montrée à personne jamais depuis lors !

---

1. Ce surnom rappelle la prédilection de Maupassant pour le gris, et fait penser à cette
mystérieuse « dame en gris » dont parle son valet François Tassart dans ses souvenirs,
et qui aurait eu une influence funeste sur le destin de l'écrivain. — 2. Portrait classique
du mari trompé. *Bourgeonneux*, dont le sens est clair, pourrait bien être un néologisme.

Lormerin avait oublié, parbleu! au bout de deux ou trois semaines. Une femme chasse l'autre [1] si vite, à Paris, quand on est garçon! N'importe, il avait gardé à celle-là une petite
[105] chapelle en son cœur, car il n'avait aimé qu'elle! Il s'en rendait bien compte maintenant.

Il se leva et prononça tout haut : « Certes, j'irai dîner ce soir! » Et, d'instinct, il retourna devant sa glace pour se regarder de la tête aux pieds. Il pensait : « Elle doit avoir
[110] vieilli rudement, plus que moi. » Et il était content au fond de se montrer à elle encore beau, encore vert, de l'étonner, de l'attendrir peut-être, et de lui faire regretter ces jours passés, si loin, si loin!

Il revint à ses autres lettres. Elles n'avaient point d'impor-
[115] tance.

Tout le jour il pensa à cette revenante! Comment était-elle? Comme c'était drôle de se retrouver ainsi après vingt-cinq ans! La reconnaîtrait-il seulement?

Il fit sa toilette avec une coquetterie de femme, mit un
[120] gilet blanc, ce qui lui allait mieux, avec l'habit [2], que le gilet noir, fit venir le coiffeur pour lui donner un coup de fer, car il avait conservé ses cheveux, et il partit de très bonne heure pour témoigner de l'empressement.

- **Lise et Lormerin**

① Le portrait de l'homme du monde à la fin du XIXᵉ siècle : dégager la valeur historique de ce passage.

② En quoi le comte de Lormerin dépasse-t-il un peu le niveau moyen des mondains traditionnels?

③ Relever les mots qui marquent la sottise charmante de Lise. En quoi sa mièvrerie est-elle également une marque de la « Belle Époque »?

Fleur de cendre, la « Dame en gris », apparaît dans les « Souvenirs de François Tassart », valet de chambre de Maupassant, à la date du 18 mai 1890 : « Elle est d'une beauté remarquable et porte avec un chic suprême ses costumes tailleur toujours gris perle ou gris cendre. »

---

1. Transposition plaisante de l'aphorisme « un clou chasse l'autre ». — 2. *L'habit* était alors la tenue de soirée; le smoking n'apparaîtra que plus tard; le mot *smoking* est employé dans *les Musardises* d'Edmond Rostand en 1890.

La première chose qu'il vit en entrant dans un joli salon
[125] fraîchement meublé, ce fut son propre portrait, une vieille
photographie déteinte, datant de ses jours triomphants,
pendue au mur dans un cadre coquet de soie ancienne.

Il s'assit et attendit. Une porte s'ouvrit enfin derrière lui;
il se dressa brusquement et, se retournant, aperçut une
[130] vieille dame en cheveux blancs qui lui tendait les deux
mains.

Il les saisit, les baisa l'une après l'autre, longtemps; puis
relevant la tête il regarda son amie.

Oui, c'était une vieille dame, une vieille dame inconnue [1]
[135] qui avait envie de pleurer et qui souriait cependant.

Il ne put s'empêcher de murmurer?

« C'est vous, Lise? »

Elle répondit :

« Oui, c'est moi, c'est bien moi... Vous ne m'auriez pas
[140] reconnue, n'est-ce pas? J'ai eu tant de chagrin... tant de
chagrin... Le chagrin a brûlé ma vie... Me voilà maintenant..
Regardez-moi... ou plutôt non... ne me regardez pas... Mais
comme vous êtes resté beau, vous... et jeune... Moi, si je
vous avais, par hasard, rencontré dans la rue, j'aurais aussi-
[145] tôt crié : « Jaquelet! » Maintenant, asseyez-vous, nous allons d'abord causer. Et puis j'appellerai ma fillette, ma
grande fille. Vous verrez comme elle me ressemble... ou
plutôt comme je lui ressemblais... non, ce n'est pas encore
ça : elle est toute pareille à la « moi » [2] d'autrefois, vous
[150] verrez! Mais j'ai voulu que nous fussions seuls d'abord.
Je craignais un peu d'émotion de ma part au premier
moment. Maintenant c'est fini, c'est passé... Asseyez-
vous donc, mon ami. »

Il s'assit près d'elle en lui tenant la main; mais il ne
[155] savait que lui dire; il ne connaissait pas cette personne-là;
il ne l'avait jamais vue, lui semblait-il. Qu'était-il venu faire
en cette maison? De quoi pourrait-il parler? De l'autrefois?
Qu'y avait-il de commun entre elle et lui? Il ne se souvenait
plus de rien en face de ce visage de grand'mère. Il ne se

---

1. Dans les *Mémoires d'outre-tombe* (livre XXVII, chapitre 11), Chateaubriand,
nommé ambassadeur à Londres, retrouve avec la même mélancolie lady Sutton qu'il a
aimée jadis, au temps de l'émigration, sous le nom de Charlotte Ives. — 2. *Moi* au
féminin est curieux et exceptionnel, mais on peut sans doute voir là une influence de
la philosophie mise à la portée des « dames et demoiselles ».

¹⁶⁰ souvenait plus de toutes ces choses gentilles et douces, et
tendres, et poignantes qui avaient assailli son cœur, tantôt,
quand il pensait à l'autre, à la petite Lise, à la mignonne
Fleur-de-Cendre. Qu'était-elle donc devenue celle-là?
L'ancienne, l'aimée? Celle du rêve lointain, la blonde aux
¹⁶⁵ yeux gris, la jeune, qui disait si bien : Jaquelet?

Ils demeuraient côte à côte, immobiles, gênés tous deux,
troublés, envahis par un malaise profond.

Comme ils ne prononçaient que des phrases banales,
hachées et lentes, elle se leva et appuya sur le bouton de
¹⁷⁰ la sonnerie :

« J'appelle Renée », dit-elle.

On entendit un bruit de porte, puis un bruit de robe;
puis une voix jeune cria :

« Me voici maman! »

¹⁷⁵ Lormerin restait effaré comme devant une apparition.
Il balbutia :

« Bonjour, Mademoiselle... »

Puis, se tournant vers la mère :

« Oh! c'est vous!... »

¹⁸⁰ C'était elle, en effet, celle d'autrefois, la Lise disparue et
revenue! Il la retrouvait telle qu'on la lui avait enlevée
vingt-cinq ans plus tôt. Celle-ci même était plus jeune
encore, plus fraîche, plus enfant.

Il avait une envie folle d'ouvrir les bras, de l'étreindre
¹⁸⁵ de nouveau en lui murmurant dans l'oreille :

« Bonjour, Lison! »

Un domestique annonça :

« Madame est servie! »

Et ils entrèrent dans la salle à manger.

¹⁹⁰ Que se passa-t-il dans ce dîner? Que lui dit-on, et que
put-il répondre? Il était entré dans un de ces songes étranges
qui touchent à la folie. Il regardait ces deux femmes avec
une idée fixe dans l'esprit, une idée malade de dément [1] :

« Laquelle est la vraie? »

¹⁹⁵ La mère souriait répétant sans cesse :

« Vous en souvient-il? »

Et c'était dans l'œil clair de la jeune fille qu'il retrouvait
ses souvenirs. Vingt fois il ouvrit la bouche pour lui dire :

---

1. Noter cette hantise de la folie, bien avant même que l'auteur en eût ressenti les premiers
symptômes.

« Vous rappelez-vous, Lison?... » oubliant cette dame à
200 cheveux blancs qui le regardait d'un œil attendri.

Et cependant, par instants, il ne savait plus, il perdait la
tête; il s'apercevait que celle d'aujourd'hui n'était pas tout
à fait pareille à celle de jadis. L'autre, l'ancienne, avait
dans la voix, dans le regard, dans tout son être quelque
205 chose qu'il ne retrouvait pas. Et il faisait de prodigieux
efforts d'esprit pour se rappeler son amie, pour ressaisir
ce qui lui échappait d'elle, ce que n'avait point cette ressus-
citée.

La baronne disait :
210 « Vous avez perdu votre entrain, mon pauvre ami. »
Il murmurait :
« Il y a beaucoup d'autres choses que j'ai perdues! »
Mais, dans son cœur tout remué, il sentait, comme une
bête réveillée qui l'aurait mordu, son ancien amour renaître.
215 La jeune fille bavardait, et parfois des intonations retrou-
vées, des mots familiers à sa mère et qu'elle lui avait pris,
toute une manière de dire et de penser, cette ressemblance
d'âme et d'allure qu'on gagne en vivant ensemble,
secouaient Lormerin de la tête aux pieds. Tout cela entrait
220 en lui, faisait plaie dans sa passion rouverte.

Il se sauva de bonne heure et fit un tour sur le boulevard.
Mais l'image de cette enfant le suivait, le hantait, précipi-
tait son cœur, enfiévrait son sang. Loin des deux femmes

• **« Fini Lormerin ! »**

① La mélancolie des retrouvailles : Maupassant a souvent
évoqué ce thème, en opposant avec bonheur l'hier à l'aujour-
d'hui, notamment dans l'*Épave*.

② L'apparition de Renée : comparer avec *Fort comme la mort*
où le héros, Olivier Bertin, est amoureux de la fille parce qu'il
retrouve en elle la mère, Anne de Guilleroy, sa maîtresse.

③ Étudier la construction du récit : en apparence, deux images
du même individu dans le même miroir, à quelques heures
d'intervalle; mais le temps a passé; en réalité, on peut dégager
successivement : l'image de Lormerin *encore bel homme* (l. 4);
puis les retrouvailles et la déception; ensuite, l'apparition de
Renée; et enfin l'image finale de Lormerin, *un homme mûr à
cheveux gris* (l. 231). Relever (l. 11 et 238) le procédé qui souligne
ce vieillissement d'un homme sous nos yeux.

il n'en voyait plus qu'une, une jeune, l'ancienne, revenue,
225 et il l'aimait comme il l'avait aimée jadis. Il l'aimait avec
plus d'ardeur, après ces vingt-cinq ans d'arrêt.

Il rentra donc chez lui pour réfléchir à cette chose bizarre
et terrible, et pour songer à ce qu'il ferait.

Mais comme il passait, une bougie à la main, devant sa
230 glace, devant sa grande glace où il s'était contemplé et
admiré avant de partir, il aperçut dedans un homme mûr
à cheveux gris ; et, soudain, il se rappela ce qu'il était
autrefois, au temps de la petite Lise ; il se revit, charmant
et jeune, tel qu'il avait été aimé. Alors, approchant la
235 lumière, il se regarda de près, inspectant les rides, consta-
tant ces affreux ravages qu'il n'avait encore jamais aperçus.

Et il s'assit, accablé, en face de lui-même, en face de sa
lamentable image, en murmurant : « Fini Lormerin ! »

(27 juillet 1885.)

UN LACHE

On l'appelait dans le monde : le « beau Signoles ». Il se nommait le vicomte Gontran-Joseph de Signoles.

Orphelin et maître d'une fortune suffisante, il faisait figure [1], comme on dit. Il avait de la tournure et de l'allure, assez de parole pour faire croire à de l'esprit, une certaine grâce naturelle, un air de noblesse et de fierté, la moustache brave et l'œil doux, ce qui plaît aux femmes.

Il était demandé dans les salons, recherché par les valseuses, et il inspirait aux hommes cette inimitié souriante qu'on a pour les gens de figure énergique. On lui avait soupçonné quelques amours capables de donner fort bonne opinion d'un garçon. Il vivait heureux, tranquille, dans le bien-être moral le plus complet. On savait qu'il tirait bien l'épée et mieux encore le pistolet.

« Quand je me battrai, disait-il, je choisirai le pistolet. Avec cette arme, je suis sûr de tuer mon homme. »

Or, un soir, comme il avait accompagné au théâtre deux jeunes femmes de ses amies, escortées d'ailleurs de leurs époux, il leur offrit, après le spectacle, de prendre une glace chez Tortoni [2]. Ils étaient entrés depuis quelques minutes, quand il s'aperçut qu'un monsieur assis à une table voisine regardait avec obstination une de ses voisines. Elle semblait gênée, inquiète, baissait la tête. Enfin elle dit à son mari :

« Voici un homme qui me dévisage. Moi, je ne le connais pas ; le connais-tu ? »

Le mari, qui n'avait rien vu, leva les yeux, mais déclara :
« Non, pas du tout. »

La jeune femme reprit, moitié souriante, moitié fâchée :
« C'est fort gênant ; cet individu me gâte ma glace. »

Ce conte parut dans « Le Gaulois » du 27 janvier 1884. Il figure dans les « Contes du jour et de la nuit » (Albin Michel et Conard), dans le tome IV de la Librairie de France et le tome II de l'édition Schmidt-Delaisement.

1. Il avait un train de vie luxueux. — 2. Café à la mode, à l'angle du boulevard des Italiens et de la rue Taitbout. Il disparut en 1887.

30   Le mari haussa les épaules :
       « Bast ! n'y fais pas attention. S'il fallait s'occuper de tous
les insolents qu'on rencontre, on n'en finirait pas. »
       Mais le vicomte s'était levé brusquement. Il ne pouvait
admettre que cet inconnu gâtât une glace qu'il avait offerte.
35 C'était à lui que l'injure s'adressait, puisque c'était par lui
et pour lui que ses amis étaient entrés dans ce café.
L'affaire [1] donc ne regardait que lui.
       Il s'avança vers l'homme et lui dit :
       « Vous avez, Monsieur, une manière de regarder ces
40 dames que je ne puis tolérer. Je vous prie de vouloir bien
cesser cette insistance. »
       L'autre répliqua :
       « Vous allez me ficher la paix, vous. »
       Le vicomte déclara, les dents serrées :
45   « Prenez garde, Monsieur, vous allez me forcer à passer
la mesure. »
       Le monsieur ne répondit qu'un mot, un mot ordurier qui
sonna d'un bout à l'autre du café, et fit, comme par l'effet
d'un ressort, accomplir à chaque consommateur un mou-
50 vement brusque. Tous ceux qui tournaient le dos se retour-
nèrent ; tous les autres levèrent la tête ; trois garçons pivo-
tèrent sur leurs talons comme des toupies ; les deux dames
du comptoir eurent un sursaut, puis une conversion du
torse entier, comme si elles eussent été deux automates
55 obéissant à la même manivelle [2].
       Un grand silence s'était fait. Puis, tout à coup, un bruit
sec claqua dans l'air. Le vicomte avait giflé son adversaire.
Tout le monde se leva pour s'interposer. Des cartes furent
échangées.

*
* *

60   Quand le vicomte fut rentré chez lui, il marcha pendant
quelques minutes à grands pas vifs, à travers sa chambre.
Il était trop agité pour réfléchir à rien. Une seule idée planait
sur son esprit : « un duel », sans que cette idée éveillât
encore en lui une émotion quelconque. Il avait fait ce qu'il

---

1. Il s'agit d'une *affaire* d'honneur, qui peut entraîner un duel. — 2. Les *automates*
avaient connu la vogue au siècle précédent, avec Vaucanson. Maupassant pense vraisemblablement à ces boîtes à musique surmontées de sujets animés qui firent fortune au XVIIIe siècle et conservèrent bien au delà leur succès.

65 devait faire; il s'était montré ce qu'il devait être. On en
parlerait, on l'approuverait, on le féliciterait. Il répétait
à voix haute, parlant comme on parle dans les grands
troubles de pensée :
« Quelle brute que cet homme! »
70 Puis il s'assit et se mit à réfléchir. Il lui fallait, dès le
matin, trouver des témoins. Qui choisirait-il? Il cherchait
les gens les plus posés[1] et les plus célèbres de sa connaissance. Il prit enfin le marquis de La Tour-Noire et le
colonel Bourdin, un grand seigneur et un soldat, c'était
75 fort bien. Leurs noms porteraient dans les journaux. Il
s'aperçut qu'il avait soif et il but, coup sur coup, trois
verres d'eau; puis il se remit à marcher. Il se sentait plein
d'énergie. En se montrant crâne[2], résolu à tout, et en
exigeant des conditions rigoureuses, dangereuses, en
80 réclamant[3] un duel sérieux, très sérieux, terrible, son
adversaire reculerait probablement et ferait des excuses.
Il reprit la carte qu'il avait tirée de sa poche et jetée sur
sa table et il la relut comme il l'avait déjà lue, au café, d'un
coup d'œil, et, dans le fiacre, à la lueur de chaque bec de gaz,
85 en revenant. « Georges Lamil, 51, rue Moncey. » Rien de
plus.
Il examinait ces lettres assemblées qui lui paraissaient
mystérieuses, pleines de sens confus : Georges Lamil? Qui
était cet homme? Que faisait-il? Pourquoi avait-il regardé
90 cette femme d'une pareille façon? N'était-ce pas révoltant

---

● **Un lâche** (l. 1-59)

① Montrer qu'il s'agit d'une véritable scène d'exposition à la
manière des pièces classiques, ce qui est conforme aux théories
de Maupassant (voir notre introduction, p. 18).

② Relever les éléments du récit qui portent la date de sa composition.

③ La notion du point d'honneur diffère-t-elle sensiblement de
la conception espagnole qui eut tant de succès dans le théâtre
et le roman aux XVIIe et XVIIIe siècles?

---

1. Ceux qui avaient la « position » sociale la plus en vue. — 2. D'un courage un peu
ostentatoire. — 3. En choisissant les conditions les plus sévères, Signoles rendra la situation
inextricable. La notation a donc un intérêt psychologique certain pour la suite du récit.

qu'un étranger, un inconnu vînt troubler ainsi votre vie,
tout d'un coup, parce qu'il lui avait plu de fixer insolemment
les yeux sur une femme? Et le vicomte répéta encore
une fois, à haute voix :
95   « Quelle brute! »

Puis il demeura immobile, debout, songeant, le regard
toujours planté sur la carte. Une colère s'éveillait en lui
contre ce morceau de papier, une colère haineuse où se
mêlait un étrange sentiment de malaise. C'était stupide,
100 cette histoire-là! Il prit un canif ouvert sous sa main et le
piqua au milieu du nom imprimé, comme s'il eût poi-
gnardé quelqu'un [1].

Donc il fallait se battre! Choisirait-il l'épée ou le pistolet, car il se considérait bien comme l'insulté? Avec l'épée,
105 il risquait moins; mais avec le pistolet il avait chance de
faire reculer son adversaire. Il est bien rare qu'un duel à
l'épée soit mortel, une prudence réciproque empêchant les
combattants de se tenir en garde assez près l'un de l'autre
pour qu'une pointe entre profondément. Avec le pistolet
110 il risquait sa vie sérieusement; mais il pouvait aussi se tirer
d'affaire avec tous les honneurs de la situation et sans
arriver à une rencontre.

Il prononça :
« Il faut être ferme. Il aura peur. »
115 Le son de sa voix le fit tressaillir et il regarda autour de
lui. Il se sentait fort nerveux. Il but encore un verre d'eau,
puis commença à se dévêtir pour se coucher.

Dès qu'il fut au lit il souffla sa lumière et ferma les yeux.

Il pensait :
120 « J'ai toute la journée de demain pour m'occuper de mes
affaires. Dormons d'abord afin d'être calme. »

Il avait très chaud dans ses draps, mais il ne pouvait parvenir à s'assoupir. Il se tournait et se retournait, demeurait
cinq minutes sur le dos, puis se plaçait sur le côté gauche,
125 puis se roulait sur le côté droit.

Il avait encore soif. Il se releva pour boire. Puis une
inquiétude le saisit :
« Est-ce que j'aurais peur? »

---

1. Allusion aux pratiques de l'envoûtement, qui consistent à blesser ou à tuer à distance,
à l'aide d'une figurine représentant grossièrement la victime, et que l'on pique avec une
aiguille.

Pourquoi son cœur se mettait-il à battre follement à
130 chaque bruit connu de sa chambre? Quand la pendule allait
sonner, le petit grincement du ressort qui se dresse lui faisait
faire un sursaut; et il lui fallait ouvrir la bouche pour
respirer ensuite pendant quelques secondes, tant il demeurait oppressé.
135 Il se mit à raisonner avec lui-même sur la possibilité de
cette chose :
« Aurais-je peur ? »
Non certes, il n'aurait pas peur, puisqu'il était résolu à
aller jusqu'au bout, puisqu'il avait cette volonté bien
140 arrêtée de se battre, de ne pas trembler. Mais il se sentait
si profondément troublé qu'il se demanda :
« Peut-on avoir peur malgré soi? »
Et ce doute l'envahit, cette inquiétude, cette épouvante;
si une force plus puissante que sa volonté, dominatrice,
145 irrésistible, le domptait, qu'arriverait-il? Oui, que pouvait-
il arriver? Certes, il irait sur le terrain, puisqu'il voulait y
aller. Mais s'il tremblait? Mais s'il perdait connaissance?
Et il songea à sa situation, à sa réputation, à son nom.
Et un singulier besoin le prit tout à coup de se relever
150 pour se regarder dans la glace. Il ralluma sa bougie. Quand
il aperçut son visage reflété dans le verre poli, il se reconnut
à peine, et il lui sembla qu'il ne s'était jamais vu. Ses yeux
lui parurent énormes; et il était pâle, certes, et il était pâle,
très pâle.
155 Il restait debout en face du miroir. Il tira la langue comme
pour constater l'état de sa santé, et tout d'un coup cette
pensée entra en lui à la façon d'une balle :
« Après-demain, à cette heure-ci, je serai peut-être
mort. »
160 Et son cœur se remit à battre furieusement.
« Après-demain à cette heure-ci, je serai peut-être mort.
Cette personne en face de moi, ce moi que je vois dans cette
glace, ne sera plus. Comment! me voici, je me regarde, je me
sens vivre, et dans vingt-quatre heures je serai couché dans
165 ce lit, mort, les yeux fermés, froid, inanimé, disparu. »
Il se retourna vers la couche et il se vit distinctement
étendu sur le dos dans ces mêmes draps qu'il venait de
quitter. Il avait ce visage creux qu'ont les morts et cette
mollesse des mains qui ne remueront plus.
170 Alors il eut peur de son lit et, pour ne plus le regarder, il

passa dans son fumoir. Il prit machinalement un cigare,
l'alluma et se remit à marcher. Il avait froid; il alla vers la
sonnette pour réveiller son valet de chambre; mais il
s'arrêta, la main levée vers le cordon[1] :
175   « Cet homme va s'apercevoir que j'ai peur. »
        Et il ne sonna pas, il fit du feu. Ses mains tremblaient un
peu, d'un frémissement nerveux, quand elles touchaient les
objets. Sa tête s'égarait; ses pensées troubles devenaient
fuyantes, brusques, douloureuses; une ivresse envahissait
180 son esprit comme s'il eût bu.
        Et sans cesse il se demandait :
        « Que vais-je faire? Que vais-je devenir? »
        Tout son corps vibrait, parcouru de tressaillements
saccadés; il se releva et, s'approchant de la fenêtre, ouvrit
185 les rideaux.
        Le jour venait, un jour d'été. Le ciel rose faisait rose la
ville, les toits et les murs. Une grande tombée de lumière
tendue, pareille à une caresse du soleil levant, enveloppait
le monde réveillé; et, avec cette lueur, un espoir gai, rapide,
190 brutal, envahit le cœur du vicomte! Était-il fou de s'être
laissé ainsi terrasser par la crainte, avant même que rien
fût décidé, avant que ses témoins eussent vu ceux de ce
Georges Lamil, avant qu'il sût encore s'il allait seulement
se battre?
195   Il fit sa toilette, s'habilla et sortit d'un pas ferme.

                              *
                            *   *

        Il se répétait, tout en marchant :
        « Il faut que je sois énergique, très énergique. Il faut que
je prouve que je n'ai pas peur. »
        Ses témoins, le marquis et le colonel, se mirent à sa
200 disposition, et, après lui avoir serré énergiquement les
mains, discutèrent les conditions.
        Le colonel demanda :
        « Vous voulez un duel sérieux? »
        Le vicomte répondit :

---

1. Il ne faut pas oublier qu'à cette époque les sonnettes, à l'extérieur et à l'intérieur des
maisons, étaient des clochettes suspendues à des bandes de tissu, parfois précieux, parfois
enjolivé de broderies, et souvent terminées par un objet de valeur ou une curiosité quel-
conque : dans *la Main d'écorché* on voit ainsi un jeune homme mettre à sa sonnette la
main momifiée d'un criminel.

205   « Très sérieux. »
Le marquis reprit :
« Vous tenez au pistolet?
— Oui.
— Nous laissez-vous libres de régler le reste? »
210   Le vicomte articula d'une voix sèche, saccadée :
« Vingt pas, au commandement, en levant l'arme au lieu
de l'abaisser. Échange de balles jusqu'à blessure grave. »
Le colonel déclara d'un ton satisfait :
« Ce sont des conditions excellentes. Vous tirez bien,
215   toutes les chances sont pour vous. »
Et ils partirent. Le vicomte rentra chez lui pour les
attendre.
Son agitation, apaisée un moment, grandissait maintenant de minute en minute. Il se sentait le long des bras, le
220   long des jambes, dans la poitrine, une sorte de frémissement, de vibration continue; il ne pouvait tenir en place,
ni assis, ni debout. Il n'avait plus dans la bouche une apparence de salive, et il faisait à tout instant un mouvement
bruyant de la langue, comme pour la décoller de son palais.
225   Il voulut déjeuner, mais il ne put manger. Alors l'idée lui
vint de boire pour se donner du courage, et il se fit apporter

---

● **La montée de la peur**

« Les jambes flageolent, se dérobent, tous les muscles se
relâchent; les yeux s'agrandissent parce que les sphincters des
paupières sont flasques, détendus, [le phénomène] se double
d'une complète obtusion mentale » (*Cours de philosophie* sous
la direction de G. Davy, *Psychologie* par A. Burloud, p. 121).

① Noter l'importance du « qu'en dira-t-on » dans le comportement du vicomte (l. 1-59). Cette puérilité de bellâtre n'est-elle
pas un des ressorts du récit?

② Rechercher, dans des romans contemporains de ce récit
(le duel mondain était alors fréquent), des veillées d'armes, et
comparer la mentalité des duellistes. Voir, par exemple, *Bel Ami*,
ou *Renée Mauperin*, de Goncourt.

③ Montrer comment, sous les apparences d'un récit mondain,
Maupassant retrouve ses thèmes familiers : le pessimisme, la
peur de l'inconnu, la hantise des miroirs, les mirages de la nuit,
etc.

④ Noter l'importance des heures de la journée.

⑤ Dégager la lucidité dans l'analyse du mécanisme de la peur.
Le titre du conte est-il bien choisi?

un carafon de rhum dont il avala, coup sur coup, six petits
verres [1].

Une chaleur, pareille à une brûlure, l'envahit, suivie
230 aussitôt d'un étourdissement de l'âme. Il pensa :

« Je tiens le moyen. Maintenant ça va bien. »

Mais au bout d'une heure il avait vidé le carafon, et son
état d'agitation redevenait intolérable. Il sentait un besoin
fou de se rouler par terre, de crier, de mordre. Le soir
235 tombait.

Un coup de timbre lui donna une telle suffocation qu'il
n'eut pas la force de se lever pour recevoir ses témoins.

Il n'osait même plus leur parler, leur dire « bonjour »,
prononcer un seul mot, de crainte qu'ils ne devinassent
240 tout à l'altération de sa voix.

Le colonel prononça :

« Tout est réglé aux conditions que vous avez fixées.
Votre adversaire réclamait d'abord les privilèges d'offensé,
mais il a cédé presque aussitôt et a tout accepté. Ses témoins
245 sont deux militaires. »

Le vicomte prononça :

« Merci. »

Le marquis reprit :

« Excusez-nous si nous ne faisons qu'entrer et sortir,
250 mais nous avons encore à nous occuper de mille choses.
Il faut un bon médecin, puisque le combat ne cessera
qu'après blessure grave, et vous savez que les balles ne
badinent pas. Il faut désigner l'endroit, à proximité d'une
maison pour y porter le blessé si c'est nécessaire, etc. ; enfin,
255 nous en avons encore pour deux ou trois heures. »

Le vicomte articula une seconde fois :

« Merci. »

Le colonel demanda :

« Vous allez bien ? vous êtes calme ?
260 — Oui, très calme, merci. »

Les deux hommes se retirèrent.

*
* *

Quand il se sentit seul de nouveau, il lui sembla qu'il
devenait fou. Son domestique ayant allumé les lampes, il

---

1. Le « petit verre » était réservé aux alcools et liqueurs, et son contenu était bien inférieur à celui de nos « verres à dégustation ».

s'assit devant sa table pour écrire des lettres. Après avoir
265 tracé, au haut d'une page : « Ceci est mon testament... »
il se releva d'une secousse et s'éloigna, se sentant incapable
d'unir deux idées, de prendre une résolution, de décider
quoi que ce fût.

Ainsi, il allait se battre! Il ne pouvait plus éviter cela.
270 Que se passait-il donc en lui? Il voulait se battre, il avait
cette intention et cette résolution fermement arrêtées; et il
sentait bien, malgré tout l'effort de son esprit et toute la
tension de sa volonté, qu'il ne pourrait même conserver
la force nécessaire pour aller jusqu'au lieu de la rencontre.
275 Il cherchait à se figurer le combat, son attitude à lui et la
tenue de son adversaire.

De temps en temps, ses dents s'entre-choquaient dans sa
bouche avec un petit bruit sec. Il voulut lire, et prit le code
du duel de Châteauvillard[1]. Puis il se demanda :
280 « Mon adversaire a-t-il fréquenté les tirs? Est-il connu?
Est-il classé? Comment le savoir? »

Il se souvint du livre du baron de Vaux[2] sur les tireurs
au pistolet, et il le parcourut d'un bout à l'autre. Georges
Lamil n'y était pas nommé. Mais cependant si cet homme
285 n'était pas un tireur, il n'aurait pas accepté immédiatement
cette arme dangereuse et ces conditions mortelles?

Il ouvrit, en passant, une boîte de Gastinne Renette[3]
posée sur un guéridon, et prit un des pistolets, puis il se
plaça comme pour tirer et leva le bras. Mais il tremblait
290 des pieds à la tête et le canon remuait dans tous les sens.

Alors, il se dit :

« C'est impossible. Je ne puis me battre ainsi. »

Il regardait au bout du canon ce petit trou noir et profond qui crache la mort, il songeait au déshonneur, aux
295 chuchotements dans les cercles, aux rires dans les salons,
au mépris des femmes, aux allusions des journaux, aux
insultes que lui jetteraient les lâches.

Il regardait toujours l'arme, et, levant le chien, il vit
soudain une amorce briller dessous comme une petite
300 flamme rouge. Le pistolet était demeuré chargé, par

---

1. Comte de Châteauvillard, *Essai sur le duel*, 1836. — 2. *Les Duels célèbres*, Paris, 1884.
Maupassant préfaça l'étude du baron de Vaux sur *Les Tireurs au pistolet* (1883). — 3.
Célèbre armurier dont la maison est installée aujourd'hui au rond-point des Champs-
Élysées.

hasard, par oubli. Et il éprouva de cela une joie confuse, inexplicable.

S'il n'avait pas, devant l'autre, la tenue noble et calme qu'il faut, il serait perdu à tout jamais. Il serait taché,
305 marqué d'un signe d'infamie, chassé du monde! Et cette tenue calme et crâne, il ne l'aurait pas, il le savait, il le sentait. Pourtant il était brave, puisqu'il voulait se battre!... Il était brave, puisque... — La pensée qui l'effleura ne s'acheva même pas dans son esprit; mais, ouvrant la
310 bouche toute grande, il s'enfonça brusquement, jusqu'au fond de la gorge, le canon de son pistolet, et il appuya sur la gâchette...

Quand son valet de chambre accourut, attiré par la détonation, il le trouva mort, sur le dos. Un jet de sang
315 avait éclaboussé le papier blanc sur la table et faisait une grande tache rouge au-dessous de ces quatre mots :

« Ceci est mon testament. »

(27 janvier 1884.)

● **« Pourtant il était brave... »**

① *Quand il se sentit seul de nouveau, il lui sembla qu'il devenait fou* (l. 262). Cette phrase est-elle un banal remplissage, comme celle qui précède, ou la manifestation inconsciente d'une obsession?

② Étudier la technique du monologue-moteur.

③ La codification de la mondanité est étudiée jusque dans ses extrêmes limites : quelle impression se dégage de cette conclusion?

④ Étudier le style dans le dialogue, en contraste avec l'analyse.

⑤ A partir de quel moment devine-t-on le dénouement? Penser au roman policier et au film dit « à suspens » (Hitchcock).

⑥ Stendhal, dans *la Chartreuse de Parme* (chapitre III, « La Guerre »), montre Fabrice à la bataille de Waterloo se posant les mêmes questions que Signoles (l. 128) : « Donc, se dit Fabrice, je vais voir si je suis un lâche. » Lire le chapitre de Stendhal en insistant sur les différences : dans la psychologie (Fabrice ne se suicide pas) et dans l'art : Stendhal donne une description volontairement confuse.

⑦ Dans *le Rouge et le Noir* (chapitre XXXVI), Julien Sorel, qui a blessé d'un coup de revolver Mme de Rênal, fait dans sa prison les réflexions suivantes : « Ma foi, tout est fini, dit-il tout haut en revenant à lui... Oui, dans quinze jours la guillotine, ou se tuer d'ici là. » Comparer l'attitude de Julien et celle de Signoles (l. 158 et suiv.).

UN PORTRAIT

« Tiens, Milial! » dit quelqu'un près de moi.

Je regardai l'homme qu'on désignait, car depuis longtemps j'avais envie de connaître ce Don Juan [1].

Il n'était plus jeune. Les cheveux gris, d'un gris trouble,
⁵ ressemblaient un peu à ces bonnets à poil [2] dont se coiffent
certains peuples du Nord, et sa barbe fine, assez longue,
tombant sur la poitrine, avait aussi des airs de fourrure.
Il causait avec une femme, penché vers elle, parlant à voix
basse, en la regardant avec un œil doux, plein d'hommages
¹⁰ et de caresses.

Je savais sa vie, ou du moins ce qu'on en connaissait.
Il avait été follement aimé, plusieurs fois; et des drames
avaient eu lieu où son nom se trouvait mêlé. On parlait de
lui comme d'un homme très séduisant, presque irrésistible.
¹⁵ Lorsque j'interrogeais les femmes qui faisaient le plus son
éloge, pour savoir d'où lui venait cette puissance, elles
répondaient toujours, après avoir quelque temps cherché :

« Je ne sais pas... c'est du charme. »

Certes, il n'était pas beau. Il n'avait rien des élégances
²⁰ dont nous supposons doués les conquérants de cœurs
féminins. Je me demandais, avec intérêt, où était cachée
sa séduction. Dans l'esprit?... On ne m'avait jamais cité
ses mots ni même célébré son intelligence... Dans le
regard?... Peut-être... Ou dans la voix?... La voix de certains
²⁵ êtres a des grâces sensuelles, irrésistibles, la saveur des
choses exquises à manger. On a faim de les entendre, et

Ce conte parut dans « Le Gaulois » du 29 octobre 1888. Il figure dans le tome intitulé
« L'Inutile Beauté » (Albin Michel et Conard), dans le tome VII de la Librairie de France
et le tome I de l'édition Schmidt-Delaisement.

1. Maupassant pense peut-être à sa propre réputation de séducteur. Il est mû, en tout
cas, par un certain intérêt de curiosité pour ses rivaux éventuels. — 2. Maupassant pense
aux toques encore portées dans les pays froids. Le mot *bonnets à poil* est plutôt réservé
à la coiffure militaire immortalisée par les grognards de Napoléon, et qui fut conservée
chez les sapeurs jusqu'en 1885.

le son de leurs paroles pénètre en nous comme une frian-
dise [1].

Un ami passait. Je lui demandai :

30   « Tu connais M. Milial?

— Oui.

— Présente-nous donc l'un à l'autre. »

Une minute plus tard, nous échangions une poignée de
main et nous causions entre deux portes. Ce qu'il disait

35 était juste, agréable à entendre, sans contenir rien de supérieur. La voix, en effet, était belle, douce, caressante, musi-
cale; mais j'en avais entendu de plus prenantes, de plus
remuantes. On l'écoutait avec plaisir, comme on regarderait
couler une jolie source. Aucune tension de pensée n'était

40 nécessaire pour le suivre, aucun sous-entendu ne surexcitait
la curiosité, aucune attente ne tenait en éveil l'intérêt. Sa
conversation était plutôt reposante et n'allumait point en
nous soit un vif désir de répondre et de contredire, soit une
approbation ravie [2].

45   Il était d'ailleurs aussi facile de lui donner la réplique que
de l'écouter. La réponse venait aux lèvres d'elle-même, dès
qu'il avait fini de parler, et les phrases allaient vers lui
comme si ce qu'il avait dit les faisait sortir de la bouche
naturellement.

50   Une réflexion me frappa bientôt. Je le connaissais depuis
un quart d'heure, et il me semblait qu'il était un de mes
anciens amis, que tout, de lui, m'était familier depuis longtemps : sa figure, ses gestes, sa voix, ses idées.

Brusquement, après quelques instants de causerie, il me

55 paraissait installé dans mon intimité. Toutes les portes
étaient ouvertes entre nous, et je lui aurais fait peut-être
sur moi-même, s'il les avait sollicitées, ces confidences que
d'ordinaire on ne livre qu'aux plus anciens camarades.

Certes, il y avait là un mystère [3]. Ces barrières fermées

60 entre tous les êtres, et que le temps pousse une à une, lorsque la sympathie, les goûts pareils, une même culture intellectuelle et des relations constantes les ont décadenassées
peu à peu, semblaient ne pas exister entre lui et moi, et,

---

1. Cette interférence de sensations est très baudelairienne. Baudelaire d'ailleurs est cité
plus loin : l. 137-138. — 2. Maupassant propose, en somme, une définition de « l'homme à
succès » : un homme parfaitement neutre. — 3. Cette forme de *mystère* est originale, et
moins inquiétante que tant d'autres chez Maupassant.

sans doute, entre lui et tous ceux, hommes et femmes, que
65 le hasard jetait sur sa route.

Au bout d'une demi-heure, nous nous séparâmes en nous
promettant de nous revoir souvent, et il me donna son
adresse après m'avoir invité à déjeuner, le surlendemain.

Ayant oublié l'heure, j'arrivai trop tôt ; il n'était pas
70 rentré. Un domestique correct et muet ouvrit devant moi
un beau salon un peu sombre, intime, recueilli. Je m'y
sentis à l'aise, comme chez moi. Que de fois j'ai remarqué
l'influence des appartements sur le caractère et sur l'esprit !
Il y a des pièces où on se sent toujours bête ; d'autres, au
75 contraire, où on se sent toujours verveux. Les unes
attristent, bien que claires, blanches et dorées ; d'autres
égayent, bien que tenturées [1] d'étoffes calmes. Notre œil,
comme notre cœur, a ses haines et ses tendresses, dont
souvent il ne nous fait point part, et qu'il impose secrète-
80 ment, furtivement, à notre humeur. L'harmonie des
meubles, des murs, le style d'un ensemble agissent instan-
tanément sur notre nature intellectuelle comme l'air des
bois, de la mer ou de la montagne modifie notre nature
physique [2].

85 Je m'assis sur un divan disparu sous les coussins, et je me
sentis soudain soutenu, porté, capitonné par ces petits sacs
de plume couverts de soie, comme si la forme et la place
de mon corps eussent été marquées d'avance sur ce
meuble.

90 Puis je regardai. Rien d'éclatant dans la pièce ; partout
de belles choses modestes, des meubles simples et rares, des
rideaux d'Orient qui ne semblaient pas venir du Louvre,
mais de l'intérieur d'un harem [3], et, en face de moi, un
portrait de femme. C'était un portrait de moyenne gran-
95 deur montrant la tête et le haut du corps, et les mains qui
tenaient un livre. Elle était jeune, nu-tête, coiffée de ban-
deaux plats, souriant un peu tristement. Est-ce parce qu'elle

---

1. Ce terme ne figure ni dans le grand Larousse encyclopédique, ni dans le Robert ;
c'est sans doute un néologisme créé par Maupassant. — 2. Maupassant veut dire que l'influence du mobilier correspond à celle de la nature : il faut une certaine harmonie entre
l'homme et le cadre dans lequel il se meut. On peut penser au Baudelaire des deux « Invitation au voyage ». — 3. On retrouve ici le goût de Maupassant pour un exotisme de mauvais
aloi. Le *Louvre* est évidemment le magasin fondé en 1855 en relation avec les travaux d'urba-
nisme de Haussmann.

avait la tête nue, ou bien par l'impression de son allure si
naturelle, mais jamais portrait de femme ne me parut être
100 chez lui autant que celui-là, dans ce logis. Presque tous ceux
que je connais sont en représentation, soit que la dame ait
des vêtements d'apparat, une coiffure seyante, un air de
bien savoir qu'elle pose devant le peintre d'abord, et
ensuite devant tous ceux qui la regarderont, soit qu'elle
105 ait pris une attitude abandonnée dans un négligé bien
choisi.

Les unes sont debout, majestueuses, en pleine beauté,
avec un air de hauteur qu'elles n'ont pas dû garder longtemps dans l'ordinaire de la vie. D'autres minaudent, dans
110 l'immobilité de la toile; et toutes ont un rien, une fleur
ou un bijou, un pli de robe ou de lèvre qu'on sent posé par
le peintre, pour l'effet. Qu'elles portent un chapeau, une
dentelle sur la tête, ou leurs cheveux seulement, on devine
en elles quelque chose qui n'est point tout à fait naturel.
115 Quoi? On l'ignore, puisqu'on ne les a pas connues, mais
on le sent. Elles semblent en visite quelque part, chez des
gens à qui elles veulent plaire, à qui elles veulent se montrer
avec tout leur avantage; et elles ont étudié leur attitude,
tantôt modeste, tantôt hautaine.
120 Que dire de celle-là? Elle était chez elle, et seule. Oui,
elle était seule, car elle souriait comme on sourit quand on
pense solitairement à quelque chose de triste et de doux,
et non comme on sourit quand on est regardée. Elle était
tellement seule, et chez elle, qu'elle faisait le vide en tout ce
125 grand appartement, le vide absolu. Elle l'habitait, l'emplissait, l'animait seule; il y pouvait entrer beaucoup de monde,
et tout ce monde pouvait parler, rire, même chanter; elle
y serait toujours seule, avec un sourire solitaire, et, seule,
elle le rendrait vivant, de son regard de portrait.
130 Il était unique aussi, ce regard. Il tombait sur moi tout
droit, caressant et fixe, sans me voir. Tous les portraits
savent [1] qu'ils sont contemplés, et ils répondent avec les
yeux, avec des yeux qui voient, qui pensent, qui nous
suivent, sans nous quitter, depuis notre entrée jusqu'à notre
135 sortie de l'appartement qu'ils habitent.

---

1. L'emploi de ce verbe donne aux portraits une vie propre.

Celui-là ne me voyait pas, ne voyait rien, bien que son regard fût planté sur moi, tout droit. Je me rappelai le vers surprenant de Baudelaire :

Et tes yeux attirants comme ceux d'un portrait [1].

Ils m'attiraient, en effet, d'une façon irrésistible, jetaient
140 en moi un trouble étrange, puissant, nouveau, ces yeux peints, qui avaient vécu, ou qui vivaient encore, peut-être. Oh! quel charme infini et amollissant comme une brise qui passe, séduisant comme un ciel mourant de crépuscule lilas, rose et bleu, et un peu mélancolique comme la nuit
145 qui vient derrière, sortait de ce cadre sombre et de ces yeux impénétrables! Ces yeux, ces yeux créés par quelques coups de pinceau, cachaient en eux le mystère de ce qui semble être et n'existe pas, de ce qui peut apparaître en un regard de femme, de ce qui fait germer l'amour en nous.

● **Les portraits**

Dans le catalogue du Salon de 1895, sur 1962 tableaux exposés, on relève environ 350 portraits dont les auteurs ne sont guère plus connus aujourd'hui que les modèles : « Portrait de Georges Maldague, romancier, par E. Nonclerq »; « Portrait de M. J. Brès, Président de la Société de prévoyance et de secours mutuels des Alsaciens-Lorrains, par A.-N. Weber »...

① Montrer comment se fait devant nous, touche à touche, le portrait du charmeur. Au « je ne sais quoi » des précieux s'ajoutent certains éléments beaucoup plus personnels qui permettent à Maupassant de se révéler. Lesquels?

② Maupassant se plaît à souligner l'influence du cadre sur l'être qui y vit. Or, il s'entourait d'objets d'un goût douteux et au faste criard, d'un exotisme de pacotille, alors que, littérairement, son goût est très sûr. Comment expliquer cette contradiction?

③ Les portraits de femmes : Maupassant laisse apparaître ses limites; il n'y a rien de commun avec les descriptions de Diderot, de Baudelaire ou de Huysmans dans leurs critiques d'art. Quelle conclusion peut-on tirer de cette constatation?

④ Montrer en quoi la fin du conte, dans sa brièveté, est une véritable psychanalyse de Milial.

⑤ Relever le vocabulaire du mystère.

---

1. Baudelaire, *les Fleurs du mal, XCVIII*, « L'Amour du mensonge ».

150   La porte s'ouvrit. M. Milial entrait. Il s'excusa d'être en retard. Je m'excusai d'être en avance. Puis je lui dis :

    « Est-il indiscret de vous demander quelle est cette femme? »

    Il répondit :

155   « C'est ma mère, morte toute jeune. »

    Et je compris [1] alors d'où venait l'inexplicable séduction de cet homme!

(29 octobre 1888.)

---

1. Noter l'opposition entre *compris* et *inexplicable*. Il n'y a pas là une simple alliance de mots.

VI. LES ÉPAVES

MISÈRE HUMAINE [1]

[...]

Jean d'Espars s'animait :

« Fichez-moi la paix avec votre bonheur de taupes, votre
bonheur d'imbéciles que satisfait un fagot qui flambe, un
verre de vieux vin ou le frôlement d'une femelle. Je vous
dis, moi, que la misère humaine me ravage, que je la vois
partout, avec des yeux aigus, que je la trouve où vous
n'apercevez rien, vous qui marchez dans la rue avec la
pensée de la fête de ce soir et de la fête de demain.

» Tenez, l'autre jour, avenue de l'Opéra, au milieu du
public remuant et joyeux que le soleil de mai grisait, j'ai
vu passer soudain un être, un être innommable, une vieille
courbée en deux, vêtue de loques qui furent des robes,
coiffée d'un chapeau de paille noire, tout dépouillé de ses
ornements anciens, rubans et fleurs disparus depuis des
temps indéfinis. Et elle allait traînant ses pieds si péniblement que je ressentais au cœur, autant qu'elle-même, plus
qu'elle-même, la douleur de tous ses pas [2]. Deux cannes la
soutenaient. Elle passait sans voir personne, indifférente
à tout, au bruit, aux gens, aux voitures, au soleil! Où
allait-elle? Vers quel taudis? Elle portait dans un panier,
qui pendait au bout d'une ficelle, quelque chose. Quoi?
du pain? oui, sans doute. Personne, aucun voisin n'ayant
pu ou voulu faire pour elle cette course, elle avait entrepris,
elle, ce voyage horrible, de sa mansarde au boulanger.

Ce conte parut dans le « Gil Blas » du 8 juin 1886. Il a été publié en inédit dans le tome II
de l'édition Schmidt-Delaisement.

1. Le court extrait que nous donnons ici pourrait s'intituler « Croquis parisien ». Il
nous a paru répondre à l'objet de ce recueil en présentant un Maupassant peintre de Paris
à la manière du Baudelaire des *Petits Poèmes en prose*. — 2. Comparer avec les portraits
de petites vieilles dans *le Spleen de Paris* de Baudelaire, pièce XIII, « les Veuves » : « Il
m'est arrivé une fois de suivre pendant de longues heures une vieille affligée de cette espèce;
celle-là roide, droite, sous un petit châle usé, portait dans tout son être une fierté de stoï-
cienne »; ou *les Fleurs du mal*, XVI, « les Petites Vieilles » : « Sous des jupons troués,
et sous de froids tissus... »

²⁵ Deux heures de route, au moins, pour aller et venir.
Et quelle route douloureuse! Quel chemin de la croix plus
effroyable que celui du Christ [1]!

   » Je levai les yeux vers les toits des maisons immenses.
Elle allait là-haut! Quand y serait-elle? Combien de repos
³⁰ haletants sur les marches, dans le petit escalier noir et
tortueux?

   » Tout le monde se retournait pour la regarder! On murmurait : « Pauvre femme », puis on passait! Sa jupe, son
haillon de jupe, traînait sur le trottoir, à peine attachée sur
³⁵ son débris de corps. Et il y avait une pensée là-dedans! Une
pensée? Non, mais une souffrance épouvantable, inces-
sante, harcelante! Oh! la misère des vieux sans pain, des
vieux sans espoirs, sans enfants, sans argent, sans rien autre
chose que la mort devant eux, y pensez-vous? Y pensez-
⁴⁰ vous aux vieux affamés des mansardes? Pensez-vous aux
larmes de ces yeux ternes, qui furent brillants, émus et
joyeux, jadis? [...] »

● **Misère humaine**

   ① Comparer la déclaration liminaire de Jean d'Espars avec
les diatribes du même genre dans les romans de Maupassant
(Fort comme la mort; Bel Ami) ou dans ce conte : *Garçon, un
bock!* (voir plus haut, p. 55).

   ② Par une étude de style du préambule, montrer que Guy de
Maupassant, en utilisant des moyens réservés d'ordinaire au
style oratoire (interrogations, exclamations, interpellations, etc.),
parvient à laisser une impression de sobriété et de pitié vraie.

   ③ Le narrateur raconte ensuite un souvenir particulièrement
atroce qui lui a ravi « toute joie de vivre » : chassant en Normandie sous une pluie d'automne, il aide le médecin du village
à soigner une misérable famille paysanne, victime d'une épidémie
de diphtérie; il médite sur la mort pendant que, dans le froid et
la saleté, agonisent une fillette et sa mère. Quel rapport y a-t-il
entre les deux récits?

---

   1. Des remarques de ce genre manifestent l'indifférence profonde de Maupassant en
matière religieuse.

LE PROTECTEUR

Il n'aurait jamais rêvé une fortune si haute! Fils d'un huissier de province, Jean Marin était venu, comme tant d'autres [1], faire son droit au quartier latin. Dans les différentes brasseries qu'il avait successivement fréquentées,
[5] il était devenu l'ami de plusieurs étudiants bavards qui crachaient [2] de la politique en buvant des bocks. Il s'éprit d'admiration pour eux et les suivit avec obstination, de café en café, payant même leurs consommations quand il avait de l'argent.
[10] Puis il se fit avocat et plaida des causes qu'il perdit. Or, voilà qu'un matin, il apprit dans les feuilles qu'un de ses anciens camarades du quartier venait d'être nommé député.
Il fut de nouveau son chien fidèle, l'ami qui fait les
[15] corvées, les démarches, qu'on envoie chercher quand on a besoin de lui et avec qui on ne se gêne point. Mais il arriva par aventure parlementaire que le député devint ministre; six mois après Jean Marin était nommé conseiller d'État [3].

* *
*

Il eut d'abord une crise d'orgueil à en perdre la tête.
[20] Il allait dans les rues pour le plaisir de se montrer comme si on eût pu deviner sa position rien qu'à le voir. Il trouvait moyen de dire aux marchands chez qui il entrait, aux vendeurs de journaux, même aux cochers de fiacre, à propos des choses les plus insignifiantes :
[25] « Moi qui suis conseiller d'État... »

Ce conte parut dans le « Gil Blas » du 5 février 1884. Il figure dans le tome intitulé « Boule de suif » (Albin Michel et Conard), dans le tome IV de la Librairie de France et le tome I de l'édition Schmidt-Delaisement.

1. Dès les premières lignes le personnage est situé : il ne sort en rien de la masse anonyme. — 2. Le mot implique un certain mépris pour la politique et les politiciens, mépris que tout le conte justifie. — 3. Les conseillers d'État sont de hauts magistrats dont la compétence est étendue aux domaines les plus divers. Voir *Sur l'eau*, p. 101, l, 52.

Puis il éprouva, naturellement, comme par suite de sa
dignité, par nécessité professionnelle, par devoir d'homme
puissant et généreux, un impérieux besoin de protéger.
Il offrait son appui à tout le monde, en toute occasion,
30 avec une inépuisable générosité.

Quand il rencontrait sur les boulevards une figure de
connaissance, il s'avançait d'un air ravi, prenait les mains,
s'informait de la santé, puis, sans attendre les questions,
déclarait :

35 « Vous savez, moi, je suis conseiller d'État et tout à votre
service. Si je puis vous être utile à quelque chose, usez de
moi sans vous gêner. Dans ma position on a le bras long. »

Et alors il entrait dans les cafés avec l'ami rencontré pour
demander une plume, de l'encre et une feuille de papier à
40 lettre — « une seule, garçon, c'est pour écrire une lettre
de recommandation ».

Et il écrivait des lettres de recommandation, dix, vingt,
cinquante par jour. Il en écrivait au café Américain, chez
Bignon, chez Tortoni, à la Maison-Dorée, au café Riche,
45 au Helder, au café Anglais, au Napolitain [1], partout, partout. Il en écrivait à tous les fonctionnaires de la
République, depuis les juges de paix jusqu'aux ministres [2].
Et il était heureux, tout à fait heureux.

* *

Un matin comme il sortait de chez lui pour se rendre au
50 conseil, la pluie se mit à tomber. Il hésita à prendre un
fiacre, mais il n'en prit pas, et s'en fut à pied, par les rues.

L'averse devenait terrible, noyait les trottoirs, inondait
la chaussée. M. Marin fut contraint de se réfugier sous une
porte. Un vieux prêtre était déjà là, un vieux prêtre à
55 cheveux blancs [3]. Avant d'être conseiller d'État, M. Marin
n'aimait point le clergé. Maintenant il le traitait avec
considération depuis qu'un cardinal l'avait consulté poli-

---

1. Maupassant cite les cafés et restaurants les plus connus des boulevardiers. Pour *Tortoni*,
voir ci-contre. — 2. Un ministre n'est pas un fonctionnaire. Mais Maupassant qui, par
une série de congés (il ne démissionnera qu'en 1888 quatre ans après avoir publié ce
conte), a su se rendre libre, englobe dans un même mépris, tous ceux qui « servent ».
— 3. Celui qui va causer la perte de M. Marin présente tous les caractères de la respec-
tabilité.

Le café Tortoni, à l'angle de la rue Taitbout
et du boulevard des Italiens.

ment sur une affaire difficile. La pluie tombait en inon-
dation, forçant les deux hommes à fuir jusqu'à la loge du
60 concierge pour éviter les éclaboussures. M. Marin, qui
éprouvait toujours la démangeaison de parler pour se faire
valoir, déclara :

« Voici un bien vilain temps, monsieur l'Abbé. »

Le vieux prêtre s'inclina :

65 « Oh! oui, Monsieur, c'est bien désagréable lorsqu'on ne
vient à Paris que pour quelques jours.

— Ah! vous êtes de province?

— Oui, Monsieur, je ne suis ici qu'en passant.

— En effet, c'est très désagréable d'avoir de la pluie
70 pour quelques jours passés dans la capitale. Nous autres,
fonctionnaires, qui demeurons ici toute l'année, nous n'y
songeons guère. »

L'abbé ne répondait pas. Il regardait la rue où l'averse
tombait moins pressée. Et soudain, prenant une résolution,
75 il releva sa soutane comme les femmes relèvent leurs
robes pour passer les ruisseaux.

M. Marin le voyant partir, s'écria :

« Vous allez vous faire tremper, monsieur l'Abbé.
Attendez encore quelques instants, ça va cesser. »

80 Le bonhomme indécis s'arrêta, puis il reprit :

« C'est que je suis pressé. J'ai un rendez-vous urgent. »

M. Marin semblait désolé.

« Mais vous allez être positivement traversé. Peut-on
vous demander dans quel quartier vous allez? »

85 Le curé paraissait hésiter, puis il prononça :

« Je vais du côté du Palais-Royal.

— Dans ce cas, si vous le permettez, monsieur l'Abbé,
je vais vous offrir l'abri de mon parapluie. Moi, je vais au
conseil d'État. Je suis conseiller d'État.

90 Le vieux prêtre leva le nez et regarda son voisin, puis
déclara :

« Je vous remercie beaucoup, Monsieur, j'accepte avec
plaisir. »

Alors M. Marin prit son bras et l'entraîna. Il le dirigeait,
95 le surveillait, le conseillait :

« Prenez garde à ce ruisseau, monsieur l'Abbé. Surtout
méfiez-vous des roues des voitures; elles vous éclaboussent
quelquefois des pieds à la tête. Faites attention aux parapluies des gens qui passent. Il n'y a rien de plus dangereux

100 pour les yeux que le bout des baleines. Les femmes surtout sont insupportables; elles ne font attention à rien et vous plantent toujours en pleine figure les pointes de leurs ombrelles ou de leurs parapluies. Et jamais elles ne se dérangent pour personne. On dirait que la ville leur appar-
105 tient. Elles règnent sur le trottoir et dans la rue. Je trouve, quant à moi, que leur éducation a été fort négligée. »

Et M. Marin se mit à rire.

Le curé ne répondait pas. Il allait, un peu voûté, choisis- sant avec soin les places où il posait le pied pour ne crotter
110 ni sa chaussure, ni sa soutane.

M. Marin reprit :

« C'est pour vous distraire [1] un peu que vous venez à Paris, sans doute? »

Le bonhomme répondit :
115 « Non, j'ai une affaire.

— Ah? Est-ce une affaire importante? Oserais-je vous demander de quoi il s'agit? Si je puis vous être utile, je me mets à votre disposition. »

Le curé paraissait embarrassé. Il murmura :
120 « Oh! c'est une petite affaire personnelle. Une petite difficulté avec... avec mon évêque. Cela ne vous intéresserait pas. C'est une... une affaire d'ordre intérieur... de... de... matière ecclésiastique. »

M. Marin s'empressa.
125 « Mais c'est justement le conseil d'État qui règle ces choses-là. Dans ce cas, usez de moi.

— Oui, Monsieur, c'est aussi au conseil d'État que je vais. Vous êtes mille fois trop bon. J'ai à voir M. Lerepère et M. Savon, et aussi peut-être M. Petitpas. »
130 M. Marin s'arrêta net.

« Mais ce sont mes amis, monsieur l'Abbé, mes meilleurs amis, d'excellents collègues, des gens charmants. Je vais vous recommander à tous les trois, et chaudement. Comptez sur moi. »
135 Le curé remercia, se confondit en excuses, balbutia mille actions de grâce.

M. Marin était ravi.

---

1. Le mot est impropre, s'adressant à un prêtre, mais M. Marin, nous a-t-on dit (l. 56), avait été anticlérical.

« Ah! vous pouvez vous vanter d'avoir une fière chance,
monsieur l'Abbé. Vous allez voir, vous allez voir que,
140 grâce à moi, votre affaire ira comme sur des roulettes. »

Ils arrivaient au conseil d'État. M. Marin fit monter le
prêtre dans son cabinet, lui offrit un siège, l'installa devant
le feu, puis prit place lui-même devant la table, et se mit
à écrire :

145 « Mon cher collègue, permettez-moi de vous recommander de la façon la plus chaude un vénérable ecclésiastique des plus dignes et des plus méritants, M. l'abbé... »

Il s'interrompit et demanda :

« Votre nom, s'il vous plaît?

150 — L'abbé Ceinture. »

M. Marin se remit à écrire :

« M. l'abbé Ceinture, qui a besoin de vos bons offices
pour une petite affaire dont il vous parlera.

» Je suis heureux de cette circonstance, qui me permet,
155 mon cher collègue... »

Et il termina par les compliments d'usage.

Quand il eut écrit les trois lettres, il les remit à son pro-
tégé qui s'en alla après un nombre infini de protestations.

*
* *

M. Marin accomplit sa besogne, rentra chez lui, passa
160 la journée tranquillement, dormit en paix, se réveilla
enchanté et se fit apporter les journaux.

Le premier qu'il ouvrit était une feuille radicale [1]. Il lut :

« Notre clergé et nos fonctionnaires.

» Nous n'en finirons pas d'enregistrer les méfaits du clergé.
165 Un certain prêtre, nommé Ceinture, convaincu d'avoir
conspiré contre le gouvernement existant, accusé d'actes
indignes que nous n'indiquerons même pas, soupçonné
en outre d'être un ancien jésuite métamorphosé en simple
prêtre, cassé par un évêque pour des motifs qu'on affirme
170 inavouables, et appelé à Paris pour fournir des explications
sur sa conduite, a trouvé un ardent défenseur dans le
nommé Marin, conseiller d'État, qui n'a pas craint de

---

1. Le parti radical était alors très avancé et à l'avant-garde de l'anticléricalisme. Dans
Madame Bovary, M. Homais est radical.

donner à ce malfaiteur en soutane les lettres de recom-
mandations les plus pressantes pour tous les fonctionnaires
175 républicains ses collègues.

» Nous signalons l'attitude inqualifiable de ce conseiller
d'État à l'attention du ministre... »

M. Marin se dressa d'un bond, s'habilla, courut chez son
collègue Petitpas qui lui dit :

180 « Ah çà, vous êtes fou de me recommander ce vieux
conspirateur. »

Et M. Marin éperdu, bégaya :

« Mais non... voyez-vous... j'ai été trompé... Il avait
l'air si brave homme... il m'a joué... il m'a indignement
185 joué. Je vous en prie, faites-le condamner sévèrement, très
sévèrement. Je vais écrire. Dites-moi à qui il faut écrire
pour le faire condamner. Je vais trouver le procureur
général et l'archevêque de Paris, oui, l'archevêque... »

● **Maupassant et la politique**

Armand Lanoux rapporte (p. 220) que, en 1876, Maupassant,
sollicité par Catulle Mendès d'entrer dans la Franc-maçonnerie,
répondit : « Par égoïsme, méchanceté ou éclectisme, je veux
n'être jamais lié à aucun parti politique. » Lanoux ajoute
(p. 221) : « Maupassant n'avait pas suffisamment la tête politique, ni assez le goût de la spéculation philosophique pour systé-
matiser. Il se contentait de réagir quand quelque chose le
choquait, sans souci de ses intérêts » (voir l. 10, 17, 18, 47).

① Étudier les moyens qui permettent à Maupassant (l. 1-18) de
retracer une carrière météorique.

② Quels sont, dès la présentation de M. Marin conseiller d'État,
les signes prémonitoires de la décadence (l. 19-48)?

③ Noter l'opposition absolue entre les deux interlocuteurs.

④ Qu'y a-t-il de touchant dans le ridicule de M. Marin?

⑤ Étudier la satire sociale dans ce passage : Maupassant se souvient de ses collègues du ministère. Noter le symbolisme grotesque des noms propres. Celui de *M. Savon* (l. 129), d'ailleurs,
se retrouve dans d'autres contes évoquant la vie des employés.

⑥ Maupassant et le journalisme : montrer la perfidie prudente
de l'entrefilet (l. 163-177) consacré à l'abbé Ceinture.

Et s'asseyant brusquement devant le bureau de M. Petit-
190 pas, il écrivit :

« Monseigneur, j'ai l'honneur de porter à la connaissance
de Votre Grandeur que je viens d'être victime des intrigues
et des mensonges d'un certain abbé Ceinture, qui a surpris
ma bonne foi.
195 » Trompé par les protestations de cet ecclésiastique, j'ai
pu . . . .
. . . .
. . . . »

Puis, quand il eut signé et cacheté sa lettre, il se tourna
vers son collègue et déclara :

« Voyez-vous, mon cher ami, que cela vous soit un ensei-
200 gnement, ne recommandez jamais personne [1]. »

(5 février 1884.)

---

1. Cette volte-face rappelle celle d'Orgon dans *Tartuffe* (acte V, sc. 1, v. 1606) : « et
m'en vais devenir pour eux pire qu'un diable ».

VII. LA DROGUE ET LA FOLIE

RÊVES

C'était après un dîner d'amis, de vieux amis. Ils étaient cinq : un écrivain, un médecin et trois célibataires riches, sans profession [1].

On avait parlé de tout, et une lassitude arrivait, cette
5 lassitude qui précède et décide les départs après les fêtes. Un des convives qui regardait depuis cinq minutes, sans parler, le boulevard houleux, étoilé de becs de gaz [2] et bruissant, dit tout à coup :

« Quand on ne fait rien du matin au soir, les jours sont
10 longs.

— Et les nuits aussi, ajouta son voisin. Je ne dors guère, les plaisirs me fatiguent, les conversations ne varient pas; jamais je ne rencontre une idée nouvelle, et j'éprouve, avant de causer avec n'importe qui, un furieux désir de ne
15 rien dire et de ne rien entendre. Je ne sais que faire de mes soirées. »

Et le troisième désœuvré proclama :

« Je paierais bien cher un moyen de passer, chaque jour, seulement deux heures agréables. »
20 Alors l'écrivain, qui venait de jeter son pardessus sur son bras, s'approcha.

« L'homme, dit-il, qui découvrirait un vice nouveau, et l'offrirait à ses semblables, dût-il abréger de moitié leur

---

Ce conte parut dans « Le Gaulois » du 8 juin 1882. Il figure dans le tome intitulé « Le Père Milon » (Albin Michel), dans les « Œuvres posthumes » (Conard), dans le tome VIII de la Librairie de France et le tome II de l'édition Schmidt-Delaisement.

1. Dès le début, l'atmosphère est créée : il s'agit de *célibataires* qui s'ennuient. On retrouve cette atmosphère dans *Notre cœur*. — 2. « L'éclairage au gaz, jusqu'en 1855 réparti entre six compagnies, fut, à partir de cette date, assuré par une compagnie unique formée de leur fusion, et qui, nantie d'un monopole, fut la Compagnie parisienne d'éclairage et de chauffage par le gaz; [...] des réflecteurs furent utilisés; la hauteur des candélabres fut réduite; [...] l'électricité parut aussi [...]; en 1861, H. Dabot estime que cette « clarté blafarde donne à la place [du Carrousel] un aspect funèbre ». » (M. Allem, *la Vie quotidienne sous le Second Empire*, Hachette, 1948).

vie, rendrait un plus grand service à l'humanité que celui
25 qui trouverait le moyen d'assurer l'éternelle santé et l'éternelle jeunesse. »

Le médecin se mit à rire; et tout en mâchonnant un
cigare :

« Oui, mais ça ne se découvre pas comme ça. On a pour-
30 tant rudement cherché et travaillé la matière, depuis que le
monde existe. Les premiers hommes sont arrivés, d'un
coup, à la perfection dans ce genre. Nous les égalons à
peine. »

Un de ces trois désœuvrés murmura :
35 « C'est dommage! »

Puis au bout d'une minute, il ajouta :

« Si on pouvait seulement dormir, bien dormir sans avoir
chaud ni froid, dormir avec cet anéantissement des soirs de
grande fatigue, dormir sans rêves.
40 — Pourquoi sans rêves? » demanda le voisin.

L'autre reprit :

« Parce que les rêves ne sont pas toujours agréables, et
que toujours ils sont bizarres, invraisemblables, décousus,
et que, dormant, nous ne pouvons même savourer les
45 meilleurs à notre gré. Il faut rêver éveillé.

— Qui vous en empêche? » interrogea l'écrivain.

Le médecin jeta son cigare.

« Mon cher, pour rêver éveillé, il faut une grande puissance et un grand travail de volonté, et, partant, une grande
50 fatigue en résulte. Or le vrai rêve, cette promenade de
notre pensée à travers des visions charmantes, est assurément ce qu'il y a de plus délicieux au monde; mais il faut
qu'il vienne naturellement, qu'il ne soit pas péniblement
provoqué et qu'il soit accompagné d'un bien-être absolu
55 du corps. Ce rêve-là, je peux vous l'offrir, à condition que
vous me promettiez de n'en pas abuser. »

L'écrivain haussa les épaules :

« Ah! oui, je sais, le haschich, l'opium, la confiture
verte [1], les paradis artificiels. J'ai lu Baudelaire [2] et j'ai
60 même goûté la fameuse drogue, qui m'a rendu fort
malade. »

---

1. Ce nom désigne un extrait gras du haschich où entrent en composition pistache,
cannelle, sucre, etc. — 2. Maupassant pense surtout au Baudelaire des *Paradis artificiels*
et traducteur des *Confessions d'un mangeur d'opium*, ouvrage de Thomas de Quincey.

Mais le médecin s'était assis :

— Mettons de côté les grands mots, n'est-ce pas? Je ne parle pas [1] médecine ni morale : je parle plaisir. Vous vous
65 livrez tous les jours à des excès qui dévorent votre vie. Je veux vous indiquer une sensation nouvelle, possible seulement pour hommes intelligents, disons même : très intelligents, dangereuse comme tout ce qui surexcite nos organes, mais exquise. J'ajoute qu'il vous faudra une
70 certaine préparation, c'est-à-dire une certaine habitude, pour ressentir dans toute leur plénitude les singuliers effets de l'éther [2].

Ils sont différents des effets du haschich, des effets de l'opium et de la morphine; et ils cessent aussitôt que s'inter-
75 rompt l'absorption du médicament, tandis que les autres producteurs de rêveries continuent leur action pendant des heures.

Je vais tâcher maintenant d'analyser le plus nettement possible ce qu'on ressent. Mais la chose n'est pas facile,
80 tant sont délicates, presque insaisissables, ces sensations.

C'est atteint de névralgies violentes que j'ai usé de ce remède, dont j'ai peut-être un peu abusé depuis.

J'avais dans la tête et dans le cou de vives douleurs, et une insupportable chaleur de la peau, une inquiétude de
85 fièvre [3]. Je pris un grand flacon d'éther et, m'étant couché, je me mis à l'aspirer lentement.

Au bout de quelques minutes, je crus entendre un murmure vague qui devint bientôt une espèce de bourdonnement, et il me semblait que tout l'intérieur de mon corps
90 devenait léger, léger comme de l'air, qu'il se vaporisait.

Puis ce fut une sorte de torpeur de l'âme, de bien-être somnolent, malgré les douleurs qui persistaient, mais qui cessaient cependant d'être pénibles. C'était une de ces souffrances qu'on consent à supporter, et non plus ces
95 déchirements affreux contre lesquels notre corps torturé proteste.

---

1. Solécisme de conversation courante. Il convient de dire : « *Je ne parle pas* de... *médecine* », mais c'est une faute assez répandue. Le dictionnaire de Robert précise, pour cette construction : « avec un complément sans article, aborder un sujet ». — 2. Maupassant était devenu éthéromane, ce qui devait aggraver son état nerveux. L'éther est aujourd'hui encore employé comme anesthésique. — 3. Tels sont précisément les symptômes qui devaient inquiéter de bonne heure l'auteur de *Boule de suif*. Assez fréquemment, dans son œuvre, apparaissent des analyses cliniques de ce genre.

Bientôt l'étrange et charmante sensation de vide que j'avais dans la poitrine s'étendit, gagna les membres qui devinrent à leur tour légers, légers comme si la chair et
100 les os se fussent fondus et que la peau seule fût restée, la peau nécessaire pour me faire percevoir la douceur de vivre, d'être couché dans ce bien-être. Je m'aperçus alors que je ne souffrais plus. La douleur s'en était allée, fondue aussi, évaporée. Et j'entendis des voix, quatre voix, deux dia-
105 logues, sans rien comprendre des paroles. Tantôt ce n'étaient que des sons indistincts, tantôt un mot me parvenait. Mais je reconnus que c'étaient là simplement les bourdonnements accentués de mes oreilles. Je ne dormais pas, je veillais ; je comprenais, je sentais, je raisonnais avec
110 une netteté, une profondeur, une puissance extraordinaires, et une joie d'esprit, une ivresse étrange venue de ce décuplement de mes facultés mentales.

Ce n'était pas du rêve comme avec le haschich, ce n'étaient pas les visions un peu maladives de l'opium ;
115 c'était une acuité prodigieuse de raisonnement, une nouvelle manière de voir, de juger, d'apprécier les choses de la vie, et avec la certitude, la conscience absolue que cette manière était la vraie.

Et la vieille image de l'Écriture [1] m'est revenue soudain
120 à la pensée. Il me semblait que j'avais goûté à l'arbre [2] de science, que tous les mystères se dévoilaient, tant je me trouvais sous l'empire d'une logique nouvelle, étrange, irréfutable. Et des arguments, des raisonnements, des preuves me venaient en foule, renversés immédiatement
125 par une preuve, un raisonnement, un argument plus fort. Ma tête était devenue le champ de lutte des idées. J'étais un être supérieur, armé d'une intelligence invincible, et je goûtais une jouissance prodigieuse à la constatation de ma puissance...
130 Cela dura longtemps, longtemps. Je respirais toujours l'orifice de mon flacon d'éther. Soudain, je m'aperçus qu'il était vide. Et j'en ressentis un effroyable chagrin. »

---

1. Il ne s'agit pas d'une *image* mais de l'avertissement solennel donné par Dieu à Adam et Ève dans la *Genèse*. On peut penser aux nombreuses interprétations plastiques de la scène (cathédrales de Poitiers, Amiens, chapelle Sixtine, etc.). — 2. Au fruit de l'*arbre* (métonymie).

Les quatre hommes demandèrent ensemble :

« Docteur, vite une ordonnance pour un litre d'éther! »

135 Mais le médecin mit son chapeau et répondit :

« Quant à ça, non; allez vous faire empoisonner par d'autres! »

Et il sortit.

Mesdames et Messieurs, si le cœur vous en dit?

- **La drogue**

Le cadre d'une conversation de fin de dîner est utile à la sobriété du récit : la légèreté du ton permet de faire passer la dureté du fond.

① Essayer de préciser le rôle joué par la drogue dans le refus de la réalité chez Maupassant.

② Montrer, par une étude du style, ce qu'il y a de technique dans la description faite par le médecin : l. 48-56.

③ Étudier l'analyse des rêves artificiels et rapprocher des textes de Baudelaire suivants :

« Parmi les drogues les plus propres à créer ce que je nomme l'*Idéal artificiel* [...] les deux plus énergiques substances, celles dont l'emploi est le plus commode et le plus sous la main, sont le haschich et l'opium » *(Paradis artificiels*, I).

« Il y a généralement dans l'ivresse du haschich trois phases assez faciles à distinguer [...] c'est d'abord une certaine hilarité, saugrenue, irrésistible, qui s'empare de vous [...] après cette première phase de gaieté enfantine, il y a comme un apaisement momentané. Mais [...] c'est à cette période de l'ivresse que se manifeste une finesse nouvelle, une acuité supérieure de tous les sens [...] c'est alors que commencent les hallucinations. [...] Puis, arrivent les équivoques, les méprises et les transpositions d'idées, [...] les proportions du temps et de l'être sont complètement dérangées par la multitude et l'intensité des sensations et des idées » *(idem*, III, *Le Théâtre du séraphin*).

« L'opium communique aux facultés le sens profond de la discipline et une espèce de santé divine [...]. Ses premiers effets sont toujours de stimuler et d'exalter l'homme, cette élévation de l'esprit ne durant jamais moins de huit heures [...] les évolutions de l'intelligence semblent aussi infatigables que les cieux » *(Idem, Un mangeur d'opium*, III, *Voluptés de l'opium*).

④ En quoi un texte comme celui-ci aide-t-il à comprendre comment la puissance de l'orgueil mène le monde?

⑤ Pourquoi le récit reste-t-il sans conclusion, comme en suspens sur une formule vulgaire?

Maupassant. Vogüé

Mᵐᵉ Strossia   Mᵐᵉ Straus   Gᵉⁿ Annenkoff

Juillet 1888.

SOLITUDE

C'était après un dîner d'hommes. On avait été fort gai.
Un d'eux, un vieil ami, me dit :

« Veux-tu remonter à pied l'avenue des Champs-Élysées ? »

5 Et nous voilà partis, suivant à pas lents la longue promenade, sous les arbres à peine vêtus de feuilles encore.
Aucun bruit [1], que cette rumeur confuse et continue que
fait Paris. Un vent frais nous passait sur le visage, et la
légion des étoiles semait sur le ciel noir une poudre d'or.

10 Mon compagnon me dit :

« Je ne sais pourquoi, je respire mieux ici, la nuit, que
partout ailleurs. Il me semble que ma pensée s'y élargit.
J'ai, par moments, ces espèces de lueurs dans l'esprit qui
font croire, pendant une seconde, qu'on va découvrir le
15 divin secret des choses. Puis la fenêtre se referme. C'est
fini. »

De temps en temps, nous voyions glisser deux ombres le
long des massifs ; nous passions devant un banc où deux
êtres, assis côte à côte, ne faisaient qu'une tache noire [2].

20 Mon voisin murmura :

— Pauvres gens ! Ce n'est pas du dégoût qu'ils m'inspi-
rent, mais une immense pitié. Parmi tous les mystères de
la vie humaine, il en est un que j'ai pénétré : notre grand
tourment dans l'existence vient de ce que nous sommes
25 éternellement seuls, et tous nos efforts, tous nos actes ne
tendent qu'à fuir cette solitude. Ceux-là, ces amoureux des
bancs en plein air, cherchent, comme nous, comme toutes

Ce conte parut dans « Le Gaulois » du 31 mars 1884. Il figure dans le tome intitulé
« Monsieur Parent » (Albin Michel et Conard), le tome IV de la Librairie de France et
le tome II de l'édition Schmidt-Delaisement.

1. Il n'y avait alors que des hôtels particuliers et des cafés-concerts aux Champs-Élysées.
— 2. Comparer avec *Promenade*, p. 88, l. 112.

les créatures, à faire cesser leur isolement, rien que pendant
une minute au moins; mais ils demeurent, ils demeureront
30 toujours seuls; et nous aussi.

On s'en aperçoit plus ou moins, voilà tout.

Depuis quelque temps j'endure cet abominable sup-
plice d'avoir compris, d'avoir découvert l'affreuse solitude
où je vis, et je sais que rien ne peut la faire cesser, rien,
35 entends-tu! Quoi que nous tentions, quoi que nous fassions,
quels que soient l'élan de nos cœurs, l'appel de nos lèvres
et l'étreinte de nos bras, nous sommes toujours seuls.

Je t'ai entraîné ce soir, à cette promenade, pour ne pas
rentrer chez moi, parce que je souffre horriblement, main-
40 tenant, de la solitude de mon logement. A quoi cela me
servira-t-il? Je te parle, tu m'écoutes, et nous sommes seuls
tous deux, côte à côte, mais seuls. Me comprends-tu?

Bienheureux les simples d'esprit [1], dit l'Écriture. Ils
ont l'illusion du bonheur. Ils ne sentent pas, ceux-là, notre
45 misère solitaire, ils n'errent pas, comme moi, dans la vie,
sans autre contact que celui des coudes, sans autre joie
que l'égoïste satisfaction de comprendre, de voir, de deviner
et de souffrir sans fin de la connaissance de notre éternel
isolement.

50 Tu me trouves un peu fou [2], n'est-ce pas?

Écoute-moi. Depuis que j'ai senti la solitude de mon être,
il me semble que je m'enfonce, chaque jour davantage,
dans un souterrain sombre, dont je ne trouve pas les bords,
dont je ne connais pas la fin, et qui n'a point de bout, peut-
55 être! J'y vais sans personne avec moi, sans personne autour
de moi, sans personne de vivant faisant cette même route
ténébreuse. Ce souterrain, c'est la vie. Parfois j'entends des
bruits, des voix, des cris... je m'avance à tâtons vers ces
rumeurs confuses. Mais je ne sais jamais au juste d'où elles
60 partent; je ne rencontre jamais personne, je ne trouve jamais une autre main dans ce noir qui m'entoure. Me comprends-tu?

Quelques hommes ont parfois deviné cette souffrance
atroce.

---

1. L'Écriture dit (Matthieu, V. 3) : « les simples en esprit ». Maupassant fait ici le contre-
sens courant. Il s'agit, dans l'Évangile, de l'esprit de pauvreté. — 2. Le mot est à prendre
dans son sens fort : il suffit de voir, dans le paragraphe suivant, les espèces d'hallucinations
auxquelles il est fait allusion pour comprendre que le narrateur ne parle pas à la légère.

⁶⁵   Musset s'est écrié :

> *Qui vient ? Qui m'appelle ? Personne.*
> *Je suis seul. — C'est l'heure qui sonne.*
> *O solitude ! — O pauvreté* [1] *!*

Mais, chez lui, ce n'était là qu'un doute passager, et non
pas une certitude définitive, comme chez moi. Il était poète ;
il peuplait la vie de fantômes, de rêves. Il n'était jamais
vraiment seul. — Moi, je suis seul !

⁷⁰   Gustave Flaubert [2], un des grands malheureux de ce
monde, parce qu'il était un des grands lucides, n'écrivait-il
pas à une amie cette phrase désespérante : « Nous sommes
tous dans un désert. Personne ne comprend personne [3]. »

Non, personne ne comprend personne, quoi qu'on pense,
⁷⁵ quoi qu'on dise, quoi qu'on tente. La terre sait-elle ce qui se
passe dans ces étoiles que voilà, jetées comme une graine
de feu à travers l'espace, si loin que nous apercevons seulement la clarté de quelques-unes, alors que l'innombrable
armée des autres est perdue dans l'infini, si proches qu'elles
⁸⁰ forment peut-être un tout, comme les molécules d'un corps ?

Eh bien, l'homme ne sait pas davantage ce qui se passe
dans un autre homme. Nous sommes plus loin l'un de
l'autre que ces astres, plus isolés surtout, parce que la pensée est insondable.

⁸⁵   Sais-tu quelque chose de plus affreux que ce constant
frôlement des êtres que nous ne pouvons pénétrer ! Nous
nous aimons les uns les autres comme si nous étions enchaî-
nés, tout près, les bras tendus, sans parvenir à nous joindre.
Un torturant besoin d'union nous travaille, mais tous nos
⁹⁰ efforts restent stériles, nos abandons inutiles, nos confidences infructueuses, nos étreintes impuissantes, nos
caresses vaines. Quand nous voulons nous mêler, nos
élans de l'un vers l'autre ne font que nous heurter l'un à
l'autre.

⁹⁵   Je ne me sens jamais plus seul que lorsque je livre mon
cœur à quelque ami, parce que je comprends mieux alors

---

1. Musset, la *Nuit de mai*, vers 31-33. — 2. Maître de Maupassant sur le plan littéraire.
Flaubert eut également sur lui une grande influence sur le plan philosophique. Or Flaubert
est un écrivain profondément pessimiste (malheureux) et qui ne put trouver un peu d'équi-
libre que dans l'art. — 3. L'année même où il publiait ce conte, Maupassant préfaçait une
édition des œuvres de Flaubert chez Charpentier.

l'infranchissable obstacle. Il est là, cet homme; je vois ses
yeux clairs sur moi! mais son âme, derrière eux, je ne la
connais point. Il m'écoute. Que pense-t-il? Oui, que pense-t-
100 il? Tu ne comprends pas ce tourment? Il me hait peut-être?
ou me méprise? ou se moque de moi? Il réfléchit à ce que
je dis, il me juge, il me raille, il me condamne, m'estime
médiocre ou sot. Comment savoir ce qu'il pense? Comment

● « **Personne ne comprend personne** » (l. 74 et 113)

① Relever les éléments qui donnent une impression de solitude,
soit d'une manière formelle, soit par opposition.

② Comparer cette définition de la solitude avec le roman
d'Édouard Estaunié, *Solitudes*, qui expose trois cas de ménages
où chaque conjoint reste irrémédiablement seul.

③ On a souvent reproché à Maupassant une philosophie à
courte vue : n'y a-t-il pas au contraire ici l'écho d'un désespoir
fondamental?
Comparer avec *le Horla* où le « Double » effroyable n'est peut-
être qu'une personnification de la solitude, et appuyer cette
comparaison sur l'exemple choisi de Musset, victime lui aussi
d'autoscopie.

④ Éclairer le conte de Maupassant à l'aide des textes suivants :
au XVIIe siècle, Théophile de Viau (Lagarde et Michard,
XVIIe siècle, p. 43); Saint-Amant (*idem*, p. 47); Tristan l'Hermite
(*idem*, p. 54); La Fontaine (« Solitude où je trouve une douceur
secrète... ») : ces écrivains sont surtout sensibles à l'aspect
« mondain » de la solitude, à la retraite paisible dans la nature,
loin de la vie de la Cour. Avec Jean-Jacques Rousseau, les mots
« solitude », « solitaire », « seul », reflètent la psychologie et la
philosophie de l'auteur.
Chez les Romantiques, l'aspect philosophique se précise; outre
les vers de Musset cités par Maupassant lui-même, on peut penser
au *Moïse* de Vigny (« puissant et solitaire »); avec le Parnasse,
le pessimisme atteint une dimension cosmique. Sully-Prudhomme
interroge ainsi les étoiles qui lui paraissent tristes :
  « Vous avez des pleurs dans les yeux... »
  Elles m'ont dit : « Nous sommes seules...
  » chacune de nous est très loin
  » Des sœurs dont tu la crois voisine... »

⑤ Maupassant admirait beaucoup Schopenhauer. Que suggèrent
ces réflexions?
« La solitude est le lot de tous les esprits supérieurs [...] vers la
soixantaine, le penchant à la solitude arrive à être tout à fait
naturel, presque instinctif, [...] on a cessé d'attendre grand'chose
des hommes, [...] on est à son aise dans la solitude comme le
poisson dans l'eau » (Schopenhauer, *Aphorismes sur la sagesse*,
traduction Cantacuzène).

savoir s'il m'aime comme je l'aime? et ce qui s'agite dans
105 cette petite tête ronde? Quel mystère que la pensée inconnue
d'un être, la pensée cachée et libre, que nous ne pouvons
ni connaître, ni conduire, ni dominer, ni vaincre!

Et moi, j'ai beau vouloir me donner tout entier, ouvrir
toutes les portes de mon âme, je ne parviens point à me
110 livrer. Je garde au fond, tout au fond, ce lieu secret du *Moi*
où personne ne pénètre. Personne ne peut le découvrir, y
entrer, parce que personne ne me ressemble, parce que
personne ne comprend personne.

Me comprends-tu, au moins, en ce moment, toi? Non,
115 tu me juges fou[1]! tu m'examines, tu te gardes de moi! Tu te
demandes : « Qu'est-ce qu'il a, ce soir? » Mais si tu parviens
à saisir un jour, à bien deviner mon horrible et subtile souffrance, viens-t'en me dire seulement : *Je t'ai compris!* et tu
me rendras heureux, une seconde, peut-être.
120 Ce sont les femmes qui me font encore le mieux apercevoir ma solitude.

Misère! misère! Comme j'ai souffert par elles, parce
qu'elles m'ont donné souvent, plus que les hommes, l'illusion de n'être pas seul!
125 Quand on entre dans l'Amour[2], il semble qu'on s'élargit.
Une félicité surhumaine vous envahit! Sais-tu pourquoi?
Sais-tu d'où vient cette sensation d'immense bonheur?
C'est uniquement parce qu'on s'imagine n'être plus seul.
L'isolement, l'abandon de l'être humain paraît cesser.
130 Quelle erreur!

Plus tourmentée encore que nous par cet éternel besoin
d'amour qui ronge notre cœur solitaire, la femme est le
grand mensonge du Rêve.

Tu connais ces heures délicieuses passées face à face avec
135 cet être à longs cheveux[3], aux traits charmeurs et dont le
regard nous affole. Quel délire égare notre esprit! Quelle
illusion nous emporte!

Elle et moi, nous n'allons plus faire qu'un, tout à l'heure,
semble-t-il? Mais ce tout à l'heure n'arrive jamais, et,
140 après des semaines d'attente, d'espérance et de joie trom-

---

1. Voir p. 148, l. 50. — 2. Noter la majuscule. L'amour est ici personnifié, parce qu'il apparaît presque comme une sorte d'entité inconnaissable. — 3. Les *cheveux* ont toujours joué un rôle important chez les amants : voir par exemple Baudelaire, *la Chevelure*.

peuse, je me retrouve tout à coup, un jour, plus seul que je
ne l'avais encore été.

Après chaque baiser, après chaque étreinte, l'isolement
s'agrandit. Et comme il est navrant, épouvantable!

145   Un poète, M. Sully Prudhomme, n'a-t-il pas écrit :

> *Les caresses ne sont que d'inquiets transports,*
> *Infructueux essais du pauvre amour qui tente*
> *L'impossible union des âmes par les corps* [1]*...*

Et puis, adieu. C'est fini. C'est à peine si on reconnaît
cette femme qui a été tout pour nous pendant un moment
de la vie, et dont nous n'avons jamais connu la pensée
intime et banale sans doute [2]!

150   Aux heures mêmes où il semblait que, dans un accord
mystérieux des êtres, dans un complet emmêlement des
désirs et de toutes les aspirations, on était descendu jusqu'au
profond de son âme, un mot, un seul mot, parfois, nous
révélait notre erreur, nous montrait, comme un éclair dans
155   la nuit, le trou noir entre nous.

Et pourtant, ce qu'il y a encore de meilleur au monde,
c'est de passer un soir auprès d'une femme qu'on aime,
sans parler, heureux presque complètement par la seule
sensation de sa présence. Ne demandons pas plus, car
160   jamais deux êtres ne se mêlent.

Quant à moi, maintenant, j'ai fermé mon âme. Je ne dis
plus à personne ce que je crois, ce que je pense et ce que
j'aime. Me sachant condamné à l'horrible solitude, je
regarde les choses, sans jamais émettre mon avis. Que
165   m'importent les opinions, les querelles, les plaisirs, les
croyances! Ne pouvant rien partager avec personne, je me
suis désintéressé de tout. Ma pensée, invisible, demeure
inexplorée. J'ai des phrases banales pour répondre aux
interrogations de chaque jour, et un sourire qui dit : « oui »,
170   quand je ne veux même pas prendre la peine de parler.

Me comprends-tu?

---

1. Sully Prud'homme, « Les Caresses », dans le recueil *Les Solitudes* (1869). La citation
par Maupassant de ce poète, peu lu aujourd'hui, prouve la considération dont il jouissait,
peut-être pour avoir revendiqué les droits de la sensibilité en pleine impassibilité parnas-
sienne. Il fut, en 1901, le premier Français à recevoir le prix Nobel de littérature. — 2. Voir
le conte intitulé *Fini*, p. 111, l. 154 et suiv.

Nous avions remonté la longue avenue jusqu'à l'Arc de triomphe de l'Étoile, puis nous étions redescendus jusqu'à la place de la Concorde, car il avait énoncé tout cela
175 lentement, en ajoutant encore beaucoup d'autres choses dont je ne me souviens plus.

Il s'arrêta et, brusquement, tendant le bras vers le haut obélisque de granit, debout sur le pavé de Paris et qui perdait, au milieu des étoiles, son long profil égyptien [1], monu-
180 ment exilé, portant au flanc l'histoire de son pays écrite en signes étranges [2], mon ami s'écria : « Tiens, nous sommes tous comme cette pierre. »

Puis il me quitta sans ajouter un mot.

Était-il gris? Était-il fou? Était-il sage? Je ne le sais en-
185 core. Parfois il me semble qu'il avait raison; parfois il me semble qu'il avait perdu l'esprit.

- « Quant à moi... j'ai fermé mon âme » (l. 161)

  ① Commenter cette définition (l. 132) : « La femme est le grand mensonge du Rêve ».

  ② Quel jour nouveau tel passage (l. 120-160) jette-t-il sur les rapports entre Maupassant et les femmes? Ne se pourrait-il pas qu'il n'ait changé souvent de partenaire que parce qu'il cherchait en elles l'Absolu? Étudier à ce propos la religion de la Femme chez Maupassant, sous l'aspect presque manichéen de la Femme, symbole du bien et du mal.

  ③ La philosophie de Maupassant : est-ce par hasard que le discours du narrateur s'arrête sur une interrogation (l. 171)?

  ④ Noter l'obsession de la démence chez Maupassant et en tirer les conséquences.

---

1. La comparaison manque de clarté. — 2. Le déchiffrement des hiéroglyphes par Champollion date de 1822; il compléta sa découverte l'année suivante. Mais, pour le commun des mortels, « hiéroglyphe » signifie : écriture incompréhensible .

LA NUIT

CAUCHEMAR

J'aime la nuit avec passion[1]. Je l'aime comme on aime
son pays ou sa maîtresse, d'un amour instinctif, profond,
invincible. Je l'aime avec tous mes sens, avec mes yeux qui
la voient, avec mon odorat qui la respire, avec mes oreilles
5 qui en écoutent le silence, avec toute ma chair que les
ténèbres caressent. Les alouettes chantent dans le soleil,
dans l'air bleu, dans l'air chaud, dans l'air léger des mati-
nées claires. Le hibou fuit dans la nuit, tache noire qui
passe à travers l'espace noir, et, réjoui, grisé par la noire
10 immensité, il pousse son cri vibrant et sinistre.

Le jour me fatigue et m'ennuie. Il est brutal et bruyant.
Je me lève avec peine, je m'habille avec lassitude, je sors
avec regret, et chaque pas, chaque mouvement, chaque
geste, chaque parole, chaque pensée me fatigue comme si
15 je soulevais un écrasant fardeau.

Mais quand le soleil baisse, une joie confuse, une joie de
tout mon corps m'envahit. Je m'éveille, je m'anime. A mesure que l'ombre grandit, je me sens tout autre, plus jeune,
plus fort, plus alerte, plus heureux. Je la regarde s'épaissir,
20 la grande ombre douce tombée du ciel : elle noie la ville[2],
comme une onde insaisissable et impénétrable, elle
cache, efface, détruit les couleurs, les formes, étreint les
maisons, les êtres, les monuments de son imperceptible
toucher.

25 Alors j'ai envie de crier de plaisir comme les chouettes,
de courir sur les toits comme les chats; et un impétueux,
un invincible désir d'aimer s'allume dans mes veines.

Ce conte parut dans le « Gil Blas » du 14 juin 1887. Il figure dans le tome intitulé « Clair
de lune » (Albin Michel et Conard), dans le tome VII de la Librairie de France et le tome II
de l'édition Schmidt-Delaisement.

1. Maupassant parle de la même manière de la chasse dans *Amour* (voir nos *Scènes de
la vie de province*, p. 94) et de la nature dans *Sur l'eau* (p. 84 de l'édition Ollendorff) :
« J'aime le ciel comme un oiseau, les forêts comme un loup rôdeur, les rochers comme un
chamois, l'herbe profonde pour m'y rouler, pour y courir comme un cheval, et l'eau
limpide pour y nager comme un poisson. » — 2. Voir Baudelaire, *Recueillement*.

Je vais, je marche, tantôt dans les faubourgs assombris,
tantôt dans les bois voisins de Paris, où j'entends rôder mes
30 sœurs les bêtes et mes frères les braconniers.

Ce qu'on aime avec violence finit toujours par vous tuer [1].
Mais comment expliquer ce qui m'arrive? Comment même
faire comprendre que je puisse le raconter? Je ne sais pas,
je ne sais plus, je sais seulement que cela est. — Voilà.

35 Donc hier — était-ce hier? — oui, sans doute, à moins
que ce ne soit auparavant, un autre jour, un autre mois,
une autre année, — je ne sais pas. Ce doit être hier pourtant,
puisque le jour ne s'est plus levé, puisque le soleil n'a pas
reparu. Mais depuis quand la nuit dure-t-elle? Depuis
40 quand?... Qui le dira? qui le saura jamais?

Donc, hier, je sortis comme je fais tous les soirs, après
mon dîner. Il faisait très beau, très doux, très chaud. En
descendant vers les boulevards, je regardais au-dessus de
ma tête le fleuve noir et plein d'étoiles découpé dans le ciel
45 par les toits de la rue qui tournait et faisait onduler comme
une vraie rivière ce ruisseau roulant des astres.

Tout était clair [2] dans l'air léger, depuis les planètes
jusqu'aux becs de gaz [3]. Tant de feux brillaient là-haut et
dans la ville que les ténèbres en semblaient lumineuses. Les
50 nuits luisantes sont plus joyeuses que les grands jours de
soleil [4].

Sur le boulevard [5] les cafés flamboyaient; on riait, on
passait, on buvait. J'entrai au théâtre, quelques instants;
dans quel théâtre? je ne sais plus. Il y faisait si clair que cela
55 m'attrista et je ressortis le cœur un peu assombri par ce choc
de lumière brutale sur les ors du balcon, par le scintillement
factice du lustre énorme de cristal, par la barrière du feu
de la rampe, par la mélancolie de cette clarté fausse et crue.
Je gagnai les Champs-Élysées où les cafés-concerts sem-
60 blaient des foyers d'incendie dans les feuillages. Les marron-
niers frottés de lumière jaune avaient l'air peints, un air
d'arbres phosphorescents. Et les globes électriques, pareils
à des lunes éclatantes et pâles, à des œufs de lune tombés
du ciel, à des perles monstrueuses, vivantes, faisaient

---

1. Ce verbe *tuer* s'applique au destin de Maupassant lui-même. — 2. Relever, dans ce
paragraphe, le vocabulaire de la lumière. — 3. Pour les *becs de gaz*, voir p. 141, note 2. —
4. Cette notation fait penser aux représentations du Moulin de la Galette où tout commence
à vivre et à s'éclairer la nuit. — 5. Il s'agit des grands boulevards où les noctambules d'alors
oublient la nuit et l'exorcisent dans le tumulte et la lumière artificielle.

[65] pâlir sous leur clarté nacrée, mystérieuse et royale, les filets de gaz, de vilain gaz sale, et les guirlandes de verres de couleur.

Je m'arrêtai sous l'Arc de triomphe pour regarder l'avenue, la longue et admirable avenue étoilée, allant vers [70] Paris entre deux lignes de feux, et les astres! Les astres là-haut, les astres inconnus jetés au hasard dans l'immensité où ils désignent ces figures bizarres, qui font tant rêver, qui font tant songer.

J'entrai dans le Bois de Boulogne et j'y restai longtemps, [75] longtemps. Un frisson singulier m'avait saisi, une émotion imprévue et puissante, une exaltation de ma pensée qui touchait à la folie.

Je marchai longtemps, longtemps [1]. Puis je revins.

Quelle heure était-il quand je repassai sous l'Arc de [80] triomphe? Je ne sais pas. La ville s'endormait, et des nuages, de gros nuages noirs s'étendaient lentement sur le ciel.

Pour la première fois je sentis qu'il allait arriver quelque chose d'étrange, de nouveau. Il me sembla qu'il faisait froid, que l'air s'épaississait, que la nuit, que ma nuit bien-[85] aimée, devenait lourde sur mon cœur. L'avenue était dé-

---

- **Maupassant noctambule**

① Montrer ce que l'apport des sens (la vue, l'odorat, l'ouïe) a de capital pour Maupassant. En quoi déclenchent-ils chez lui (l. 1-30) l'essentiel de ses mécanismes intérieurs?

② Cet amour de la nuit n'est-il pas l'indice d'un état pathologique? Si l'Anglais Young et le Breton Chateaubriand avaient déjà traité ce thème, il s'agissait de la nuit dans la nature, belle et apaisante, et non dans la ville. En outre, nulle part l'angoisse n'apparaissait chez eux aussi profonde que chez Maupassant.

③ Dégager la valeur psychologique des interrogations (l. 39-40).

④ Sous l'influence de Baudelaire, Maupassant peut se classer parmi les précurseurs du surréalisme. Montrer en quoi, cependant, il est encore très loin de ce mouvement qui n'apparaîtrait, chez lui, que sous la forme d'un naturalisme intériorisé.

---

1. Il convient de rappeler qu'avant le règne de l'automobile les Parisiens marchaient... beaucoup plus qu'aujourd'hui dans les rues de Paris où ne circulaient que des voitures de maître, des fiacres, des tramways et quelques omnibus.

serte, maintenant. Seuls, deux sergents de ville [1] se promenaient auprès de la station des fiacres, et, sur la chaussée
à peine éclairée par les becs de gaz qui paraissaient mou-
rants, une file de voitures de légumes allait aux Halles.
90 Elles allaient lentement, chargées de carottes, de navets
et de choux. Les conducteurs dormaient, invisibles, les
chevaux marchaient d'un pas égal, suivant la voiture précédente, sans bruit, sur le pavé de bois [2]. Devant chaque
lumière du trottoir, les carottes s'éclairaient en rouge, les
95 navets s'éclairaient en blanc, les choux s'éclairaient en vert ;
et elles passaient l'une derrière l'autre ces voitures rouges,
d'un rouge de feu, blanches d'un blanc d'argent, vertes
d'un vert d'émeraude. Je les suivis, puis je tournai par la
rue Royale et revins sur les boulevards. Plus personne,
100 plus de cafés éclairés, quelques attardés seulement qui se
hâtaient. Je n'avais jamais vu Paris aussi mort, aussi désert.
Je tirai ma montre. Il était deux heures.

Une force me poussait, un besoin de marcher. J'allai donc
jusqu'à la Bastille. Là, je m'aperçus que je n'avais jamais
105 vu une nuit si sombre, car je ne distinguais pas même la
colonne de Juillet [3], dont le génie d'or était perdu dans
l'impénétrable obscurité. Une voûte de nuage, épaisse
comme l'immensité, avait noyé les étoiles, et semblait
s'abaisser sur la terre pour l'anéantir.

110 Je revins. Il n'y avait plus personne autour de moi. Place
du Château-d'Eau, pourtant, un ivrogne faillit me heurter,
puis il disparut. J'entendis quelque temps son pas inégal
et sonore. J'allais. A la hauteur du faubourg Montmartre
un fiacre passa, descendant vers la Seine. Je l'appelai. Le
115 cocher ne répondit pas. Une femme rôdait près de la rue
Drouot : « Monsieur, écoutez donc. » Je hâtai le pas pour
éviter sa main tendue. Puis plus rien. Devant le Vaude-
ville [4], un chiffonnier fouillait le ruisseau. Sa petite lanterne
flottait au ras du sol. Je lui demandai : « Quelle heure est-il,
120 mon brave ? »

---

1. Sergent de ville : ancienne appellation des gardiens de la paix. — 2. « Le pavage des
chaussées, fait jusqu'alors de blocs de grès assez gros et d'une qualité trop peu résistante,
fut fait, tout d'abord, soit de pavés de porphyre plus petits et plus durs, soit de macadam,
soit, enfin, mais plus rarement, et comme essai, de pavés de bois » (M. Allem, *la Vie quotidienne sous le Second Empire*, Hachette, 1948, p. 20). — 3. Élevée sur la place de la Bastille,
elle fut terminée en 1840. — 4. A l'angle du boulevard des Capucines et de la Chaussée
d'Antin. Tel était du moins l'emplacement au lendemain de la guerre de 1870.

Il grogna : « Est-ce que je sais! J'ai pas de montre. »

Alors je m'aperçus tout à coup que les becs de gaz étaient éteints. Je sais qu'on les supprime de bonne heure, avant le jour, en cette saison, par économie; mais le jour était encore
125 loin, si loin de paraître!

« Allons, aux Halles pensai-je, là au moins je trouverai la vie. »

Je me mis en route, mais je n'y voyais même pas pour me conduire. J'avançais lentement, comme on fait dans un
130 bois, reconnaissant les rues en les comptant.

Devant le Crédit Lyonnais, un chien grogna. Je tournai par la rue de Grammont, je me perdis; j'errai, puis je reconnus la Bourse aux grilles de fer qui l'entourent. Paris entier dormait, d'un sommeil profond, effrayant. Au loin
135 pourtant un fiacre roulait, un seul fiacre, celui peut-être qui avait passé devant moi tout à l'heure. Je cherchais à le joindre, allant vers le bruit de ses roues, à travers les rues solitaires et noires, noires, noires comme la mort.

Je me perdis encore. Où étais-je? Quelle folie d'éteindre
140 si tôt le gaz! Pas un passant, pas un attardé, pas un rôdeur, pas un miaulement de chat amoureux. Rien.

Où donc étaient les sergents de ville? Je me dis : « Je vais crier, ils viendront. » Je criai. Personne ne me répondit.

J'appelai plus fort. Ma voix s'envola, sans écho, faible,
145 étouffée, écrasée par la nuit, par cette nuit impénétrable.

Je hurlai : « Au secours! au secours! au secours! »

Mon appel désespéré resta sans réponse. Quelle heure était-il donc? Je tirai ma montre, mais je n'avais point d'allumettes. J'écoutai le tic-tac léger de la petite mécanique
150 avec une joie inconnue et bizarre. Elle semblait vivre. J'étais moins seul. Quel mystère! Je me remis en marche comme un aveugle, en tâtant les murs de [1] ma canne, et je levais à tout moment les yeux vers le ciel, espérant que le jour allait enfin paraître; mais l'espace était noir, tout noir, plus profondé-
155 ment noir que la ville [2].

Quelle heure pouvait-il être? Je marchais, me semblait-il, depuis un temps infini, car mes jambes fléchissaient sous moi, ma poitrine haletait, et je souffrais de la faim horrible-ment.

---

1. *De :* avec. — 2. Étudier l'antithèse avec le neuvième paragraphe (l. 47-51).

[160] Je me décidai à sonner à la première porte cochère. Je tirai le bouton de cuivre, et le timbre tinta dans la maison sonore; il tinta étrangement comme si ce bruit vibrant eût été seul dans cette maison.

J'attendis, on ne répondit pas, on n'ouvrit point la porte. [165] Je sonnai de nouveau; j'attendis encore, — rien !

J'eus peur! Je courus à la demeure suivante, et vingt fois de suite je fis résonner la sonnerie dans le couloir obscur où devait dormir le concierge [1]. Mais il ne s'éveilla pas, — et j'allai plus loin, tirant de toutes mes forces les anneaux [170] ou les boutons, heurtant de mes pieds, de ma canne et de mes mains les portes obstinément closes.

Et tout à coup, je m'aperçus que j'arrivais aux Halles. Les Halles étaient désertes, sans un bruit, sans un mouvement, sans une voiture, sans un homme, sans une botte [175] de légumes ou de fleurs. — Elles étaient vides, immobiles, abandonnées, mortes!

Une épouvante me saisit, — horrible. Que se passait-il? Oh! mon Dieu! que se passait-il?

Je repartis. Mais l'heure? l'heure? qui me dirait l'heure? [180] Aucune horloge ne sonnait dans les clochers ou dans les monuments. Je pensai : « Je vais ouvrir le verre de ma montre et tâter l'aiguille avec mes doigts. » Je tirai ma montre... elle ne battait plus... elle était arrêtée. Plus rien, plus rien, plus un frisson dans la ville, pas une lueur, pas un [185] frôlement de son dans l'air. Rien! plus rien! plus même le roulement lointain du fiacre, — plus rien!

J'étais aux quais, et une fraîcheur glaciale montait de la rivière.

La Seine coulait-elle encore?

[190] Je voulus savoir, je trouvai l'escalier, je descendis... Je n'entendais pas le courant bouillonner sous les arches du pont... Des marches encore... puis du sable... de la vase... puis de l'eau... j'y trempai mon bras... elle coulait... elle coulait... froide... froide... froide... presque gelée... presque [195] tarie... presque morte.

---

1. Dans les grands immeubles, pour des raisons de sécurité, la porte d'entrée est fermée la nuit et c'est le concierge qui est chargé de l'ouvrir au moyen d'un dispositif qu'il actionne sans quitter sa loge : le « cordon »

Et je sentais bien que je n'aurais plus jamais la force de remonter... et que j'allais mourir là... moi aussi, de faim — de fatigue — et de froid [1].

(14 juin 1887.)

● **L'appel de la nuit et de la mort**

① Étudier le tableau de Paris (l. 82-141) en comparant avec Zola *(Le Ventre de Paris).* Dégager l'intimisme de Maupassant, qui utilise des procédés impressionnistes.

② Montrer les liens entre la Nuit et la Mort.

③ Relever les éléments de terreur. Comparer cette promenade angoissante, hors du temps réel, avec le film d'Ingmar Bergman, *les Fraises sauvages,* où le héros, perdu en plein jour dans une cité où les horloges et les montres sont sans aiguilles, assiste, horrifié, à son propre enterrement.

④ Analyser la valeur symbolique de l'eau.

---

1. Noter l'effet produit par l'absence de fin dans cette espèce d'appel au suicide.

LE HORLA

Le narrateur, dans sa maison des bords de Seine, tout près de Rouen, et devant le paysage que contemplait Flaubert à Croisset (le rapprochement est évident, bien que Maupassant ne l'exprime pas), éprouve quelques malaises : fièvre, insomnies, angoisses, ce qui l'amène à chercher un apaisement au Mont-Saint-Michel. Il se croit guéri, mais, dès son retour, tout recommence comme avant, avec, en outre, la perception de phénomènes inquiétants : la carafe d'eau se vide pendant la nuit sans qu'il ait bu, un personnage mystérieux est sans cesse à ses côtés, qui pourrait bien être son double. Bouleversé, il part pour Paris où il continue à tenir son journal, puisque Maupassant a adopté cette forme pour le récit, le rendant de la sorte plus personnel et plus pathétique. Nous donnons ici les « notes » du 12 au 21 juillet et du 17 au 19 août. A ce texte nous avons joint des extraits du Voyage du « Horla », *récit d'un bref voyage en ballon. Maupassant, en effet, avait assez aimé son double redoutable pour donner son nom à l'aérostat. De son côté, François Tassart, fidèle valet de chambre du romancier, a consigné le souvenir que lui laissa cette ascension : il nous a paru intéressant de donner cette page peu connue, à titre de document.*

12 juillet. — Paris. J'avais donc perdu la tête les jours derniers ! J'ai dû être le jouet de mon imagination énervée, à moins que je ne sois vraiment somnambule, ou que j'aie subi une de ces influences constatées, mais inexplicables
⁵ jusqu'ici, qu'on appelle suggestions. En tout cas, mon affolement touchait à la démence [1], et vingt-quatre heures de Paris ont suffi pour me remettre d'aplomb.

Hier, après des courses et des visites, qui m'ont fait passer dans l'âme de l'air nouveau et vivifiant, j'ai fini ma soirée

---

Ce conte figure dans le tome intitulé « le Horla » (Albin Michel), dans le tome VI de la Librairie de France et le tome II de l'édition Schmidt-Delaisement.

1. Une fois de plus, apparaît ce mot qui prend une valeur vraiment prémonitoire.

[10] au Théâtre-Français. On y jouait une pièce d'Alexandre Dumas fils [1] ; et cet esprit alerte et puissant a achevé de me guérir. Certes, la solitude est dangereuse pour les intelligences qui travaillent. Il nous faut autour de nous, des hommes qui pensent et qui parlent. Quand nous sommes [15] seuls longtemps, nous peuplons le vide de fantômes.

Je suis rentré à l'hôtel très gai, par les boulevards. Au coudoiement de la foule, je songeais, non sans ironie, à mes terreurs, à mes suppositions de l'autre semaine, car j'ai cru, oui, j'ai cru qu'un être invisible habitait sous mon toit. [20] Comme notre tête est faible et s'effare, et s'égare vite, dès qu'un petit fait incompréhensible nous frappe !

Au lieu de conclure par ces simples mots : « Je ne comprends pas parce que la cause m'échappe », nous imaginons aussitôt des mystères effrayants et des puissances surnatu- [25] relles.

14 juillet. — Fête de la République [2]. Je me suis promené par les rues. Les pétards et les drapeaux m'amusaient comme un enfant. C'est pourtant fort bête d'être joyeux, à date fixe, par décret du gouvernement. Le peuple est un [30] troupeau imbécile. tantôt stupidement patient et tantôt férocement révolté. On lui dit : « Amuse-toi. » Il s'amuse. On lui dit : « Va te battre avec le voisin. » Il va se battre. On lui dit : « Vote pour l'Empereur. » Il vote pour l'Empereur. Puis, on lui dit : « Vote pour la République. » Et il [35] vote pour la République.

Ceux qui le dirigent sont aussi sots ; mais au lieu d'obéir à des hommes, ils obéissent à des principes, lesquels ne peuvent être que niais, stériles et faux, par cela même qu'ils sont des principes, c'est-à-dire des idées réputées certaines [40] et immuables, en ce monde où l'on n'est sûr de rien, puisque la lumière est une illusion, puisque le bruit est une illusion.

16 juillet. — J'ai vu hier des choses qui m'ont beaucoup troublé.

Je dînais chez ma cousine, Mme Sablé, dont le mari

1. *Dumas fils* (1824-1895) était le fils naturel du romancier Alexandre Dumas, qui le reconnut. Dans ses *Nouveaux Souvenirs*, François Tassart le classe parmi les amis intimes de Maupassant. — 2. Maupassant a souvent manifesté son mépris pour les fêtes patriotiques et populaires (voir les *Dimanches d'un bourgeois de Paris*).

⁴⁵ commande le 76ᵉ chasseurs à Limoges. Je me trouvais chez elle avec deux jeunes femmes, dont l'une a épousé un médecin, le docteur Parent, qui s'occupe beaucoup des maladies nerveuses et des manifestations extraordinaires auxquelles donnent lieu en ce moment les expériences sur
⁵⁰ l'hypnotisme et la suggestion.

Il nous raconta longtemps les résultats prodigieux obtenus par des savants anglais et par les médecins de l'école de Nancy[1].

Les faits qu'il avança me parurent tellement bizarres
⁵⁵ que je me déclarai tout à fait incrédule.

« Nous sommes, affirmait-il, sur le point de découvrir un des plus importants secrets de la nature, je veux dire, un de ses plus importants secrets sur cette terre; car elle en a certes d'autrement importants, là-bas, dans les étoiles.
⁶⁰ Depuis que l'homme pense, depuis qu'il sait dire et écrire sa pensée, il se sent frôlé par un mystère impénétrable pour ses sens grossiers et imparfaits, et il tâche de suppléer, par l'effort de son intelligence, à l'impuissance de ses organes. Quand cette intelligence demeurait encore à l'état rudimen-
⁶⁵ taire, cette hantise des phénomènes invisibles a pris des formes banalement effrayantes. De là sont nées les croyances populaires au surnaturel, les légendes des esprits rôdeurs, des fées, des gnomes, des revenants, je dirai même la légende de Dieu, car nos conceptions de l'ouvrier-
⁷⁰ créateur, de quelque religion qu'elles nous viennent, sont bien les inventions les plus médiocres, les plus stupides, les plus inacceptables sorties du cerveau apeuré des créatures. Rien de plus vrai que cette parole de Voltaire : « Dieu a

---

① La description de Paris animé et joyeux n'est-elle pas une tentative d'explication rationnelle des phénomènes inexplicables?

② Maupassant et la politique d'après ses réflexions sur les festivités du 14 juillet (l. 26-41). Comparer avec *Un coup d'État* (S.L.B. *Scènes de la vie de province*, p. 170, 173, 181) et *Deux Amis* (*Scènes de la vie parisienne*, p. 25).

---

1. Rivale de l'école de la Salpêtrière, *l'école de Nancy* fut fondée en 1866 par le Dʳ Liébault, dont les élèves les plus connus sont les professeurs Bernheim et Beaunis. Cette école ne connaîtrait que le *petit hypnotisme*, tandis que l'école de la Salpêtrière pratiquerait surtout le *grand hypnotisme*.

fait l'homme à son image, mais l'homme le lui a bien
[75] rendu [1]. »

» Mais, depuis un peu plus d'un siècle, on semble pressentir
quelque chose de nouveau. Mesmer [2] et quelques autres
nous ont mis sur une voie inattendue, et nous sommes
arrivés vraiment, depuis quatre ou cinq ans surtout, à des
[80] résultats surprenants. »

Ma cousine, très incrédule aussi, souriait. Le docteur
Parent lui dit : « Voulez-vous que j'essaie de vous endor-
mir, Madame?

— Oui, je veux bien. »
[85]   Elle s'assit dans un fauteuil et il commença à la regarder
fixement en la fascinant. Moi, je me sentis soudain un peu
troublé, le cœur battant, la gorge serrée. Je voyais les
yeux de Mme Sablé s'alourdir, sa bouche se crisper, sa
poitrine haleter.
[90]   Au bout de dix minutes, elle dormait.

« Mettez-vous derrière elle », dit le médecin.

Et je m'assis derrière elle. Il lui plaça entre les mains une
carte de visite en lui disant : « Ceci est un miroir; que
voyez-vous dedans? »
[95]   Elle répondit :

« Je vois mon cousin.

— Que fait-il?

— Il se tord la moustache.

— Et maintenant?
[100]   — Il tire de sa poche une photographie.

— Quelle est cette photographie?

— La sienne. »

C'était vrai! Et cette photographie venait de m'être livrée,
le soir même, à l'hôtel.
[105]   « Comment est-il sur ce portrait?

— Il se tient debout avec son chapeau à la main. »

Donc elle voyait dans cette carte, dans ce carton blanc,
comme elle eût vu dans une glace.

Les jeunes femmes, épouvantées, disaient : « Assez!
[110] Assez! Assez! »

---

1. *Le Sottisier*, XXXII. — 2. Franz *Mesmer* (1734-1815) est le fondateur de la théorie du
magnétisme animal auquel il a attaché son nom. Foveau de Courmelles précise (op. cit.,
p. 4) : « Pour Mesmer, le soleil, la lune et les corps célestes agissaient sur les êtres
vivants au moyen d'un fluide subtil, qu'il appelait *magnétisme animal*, pour en indiquer
les connexions intimes avec les propriétés de l'aimant. »

Mais le docteur ordonna : « Vous vous lèverez demain à huit heures; puis vous irez trouver à son hôtel votre cousin, et vous le supplierez de vous prêter cinq mille francs [1] que votre mari vous demande et qu'il vous réclamera à son
115 prochain voyage. »

Puis il la réveilla.

En rentrant à l'hôtel, je songeais à cette curieuse séance et les doutes m'assaillirent, non point sur l'absolue, sur l'insoupçonnable bonne foi de ma cousine, que je
120 connaissais comme une sœur, depuis l'enfance, mais sur une supercherie possible du docteur. Ne dissimulait-il pas dans sa main une glace qu'il montrait à la jeune femme endormie, en même temps que sa carte de visite? Les prestidigitateurs de profession font des choses autrement singulières.
125 Je rentrai donc et je me couchai.

Or, ce matin, vers huit heures et demie, je fus réveillé par mon valet de chambre, qui me dit :

« C'est Mme Sablé qui demande à parler à Monsieur tout de suite. »
130 Je m'habillai à la hâte et je la reçus.

Elle s'assit fort troublée, les yeux baissés, et, sans lever son voile, elle me dit :

« Mon cher cousin, j'ai un gros service à vous demander.

— Lequel, ma cousine?
135 — Cela me gêne beaucoup de vous le dire, et pourtant, il le faut. J'ai besoin, absolument besoin, de cinq mille francs.

— Allons donc, vous?

— Oui, moi, ou plutôt mon mari, qui me charge de les
140 trouver. »

J'étais tellement stupéfait, que je balbutiai mes réponses. Je me demandais si vraiment elle ne s'était pas moquée de moi avec le docteur Parent, si ce n'était pas là une simple farce [2] préparée d'avance et fort bien jouée.
145 Mais, en la regardant avec attention, tous mes doutes se dissipèrent. Elle tremblait d'angoisse, tant cette démarche lui était douloureuse, et je compris qu'elle avait la gorge pleine de sanglots.

---

1. Sur la valeur de cette somme, voir p. 47, note 3. — 2. Voir ce qui concerne le « tour », dans nos *Scènes de la Vie de province*, p. 183, *l'Intrigue*.

Je la savais fort riche et je repris :

150 « Comment! votre mari n'a pas cinq mille francs à sa disposition! Voyons, réfléchissez. Êtes-vous sûre qu'il vous a chargée de me les demander? »

Elle hésita quelques secondes comme si elle eût fait un grand effort pour chercher dans son souvenir, puis elle
155 répondit :

« Oui..., oui... j'en suis sûre.

— Il vous a écrit? »

Elle hésita encore, réfléchissant. Je devinai le travail torturant de sa pensée. Elle ne savait pas. Elle savait
160 seulement qu'elle devait m'emprunter cinq mille francs pour son mari. Donc elle osa mentir.

« Oui, il m'a écrit.

— Quand donc? Vous ne m'avez parlé de rien, hier.

— J'ai reçu sa lettre ce matin.

165 — Pouvez-vous me la montrer?

— Non... non... non... elle contenait des choses intimes... trop personnelles... je l'ai... je l'ai brûlée.

— Alors, c'est que votre mari fait des dettes. »

Elle hésita encore, puis murmura :

170 « Je ne sais pas. »

Je déclarai brusquement :

« C'est que je ne puis disposer de cinq mille francs en ce moment, ma chère cousine. »

Elle poussa une sorte de cri de souffrance.

175 « Oh! oh! je vous en prie, je vous en prie, trouvez-les... »

Elle s'exaltait, joignait les mains comme si elle m'eût prié! J'entendais sa voix changer de ton; elle pleurait et bégayait, harcelée, dominée par l'ordre irrésistible qu'elle avait reçu.

180 « Oh! oh! je vous en supplie... si vous saviez comme je souffre... il me les faut aujourd'hui. »

J'eus pitié d'elle.

« Vous les aurez tantôt, je vous le jure. »

Elle s'écria :

185 « Oh! merci! merci! Que vous êtes bon! »

Je repris : « Vous rappelez-vous ce qui s'est passé hier chez vous?

— Oui.

— Vous rappelez-vous que le docteur Parent vous a
190 endormie?

— Oui.

— Eh! bien, il vous a ordonné de venir m'emprunter ce matin cinq mille francs, et vous obéissez en ce moment à cette suggestion. »

195 Elle réfléchit quelques secondes et répondit :

« Puisque c'est mon mari qui les demande. »

Pendant une heure, j'essayai de la convaincre, mais je n'y pus parvenir.

Quand elle fut partie, je courus chez le docteur. Il
200 allait sortir; et il m'écouta en souriant. Puis il dit :

« Croyez-vous maintenant?

— Oui, il le faut bien.

— Allons chez votre parente. »

Elle sommeillait déjà sur une chaise longue, accablée de
205 fatigue. Le médecin lui prit le pouls, la regarda quelque temps, une main levée vers ses yeux qu'elle ferma peu à peu sous l'effort insoutenable de cette puissance magnétique.

Quand elle fut endormie :

210 « Votre mari n'a plus besoin de cinq mille francs. Vous allez donc oublier que vous avez prié votre cousin de vous les prêter, et, s'il vous parle de cela, vous ne comprendrez pas. »

Puis il la réveilla. Je tirai de ma poche un portefeuille :
215 « Voici, ma chère cousine, ce que vous m'avez demandé ce matin. »

Elle fut tellement surprise que je n'osai pas insister. J'essayai cependant de ranimer sa mémoire, mais elle nia avec force, crut que je me moquais d'elle, et faillit, à la fin,
220 se fâcher.

. . . .

Voilà! je viens de rentrer; et je n'ai pu déjeuner, tant cette expérience m'a bouleversé.

19 juillet. — Beaucoup de personnes à qui j'ai raconté
225 cette aventure se sont moquées de moi. Je ne sais plus que penser. Le sage[1] dit : Peut-être?

21 juillet. — J'ai été dîner à Bougival[2], puis j'ai passé la soirée au bal des canotiers. Décidément, tout dépend des

---

1. Il peut s'agir de la « sagesse des notions », ou bien d'une allusion à Victor Hugo. *Marion Delorme*, IV, 8 : « Montaigne eût dit : Que sais-je? et Rabelais : Peut-être. » — 2. Un des rendez-vous de canotiers auxquels Maupassant était fidèle dans sa jeunesse.

lieux et des milieux. Croire au surnaturel dans l'île de la
230 Grenouillère[1], serait le comble de la folie... mais au sommet
du mont Saint-Michel ?... mais dans les Indes ? Nous subis-
sons effroyablement l'influence de ce qui nous entoure. Je
rentrerai chez moi la semaine prochaine.

*Les phénomènes d'hallucination du malheureux se multiplient et
voici que, soudain, il croit trouver un début d'explication scientifique.*

17 août. — Ah ! Quelle nuit ! quelle nuit ! Et pourtant il
235 me semble que je devrais me réjouir. Jusqu'à une heure
du matin, j'ai lu ! Hermann Herestauss[2], docteur en philosophie et en théogonie[3], a écrit l'histoire et les manifestations de tous les êtres invisibles rôdant autour de l'homme
ou rêvés par lui. Il décrit leurs origines, leur domaine, leur
240 puissance. Mais aucun d'eux ne ressemble à celui qui me
hante. On dirait que l'homme, depuis qu'il pense, a
pressenti et redouté un être nouveau, plus fort que lui,
son successeur en ce monde, et que, le sentant proche
et ne pouvant prévoir la nature de ce maître, il a créé,
245 dans sa terreur, tout le peuple fantastique des êtres occultes,
fantômes vagues nés de la peur.

Donc, ayant lu jusqu'à une heure du matin, j'ai été
m'asseoir ensuite auprès de ma fenêtre ouverte pour rafraî-
chir mon front et ma pensée au vent calme de l'obscurité.
250 Il faisait bon, il faisait tiède ! Comme j'aurais aimé cette
nuit-là autrefois !

Pas de lune. Les étoiles avaient au fond du ciel noir des
scintillements frémissants. Qui habite ces mondes ? Quelles
formes, quels vivants, quels animaux, quelles plantes sont
255 là-bas ? Ceux qui pensent dans ces univers lointains, que

---

① Maupassant et l'hypnotisme (voir p. 163, note 1).

② Montrer que l'expérience du Dr Parent est presque, à elle seule,
un conte parisien de Maupassant, avec ses éléments traditionnels,
la jeune femme sceptique et un peu frivole, l'argent, etc. Mais
l'atmosphère y est plus dramatique que mondaine.

---

1. Voir p. 95, note 1. — 2. Nous n'avons pu trouver trace d'un philosophe de ce nom.
— 3. Titre de fantaisie, la *théogonie* étant un ensemble de théories sur l'origine des dieux
dans certaines religions.

savent-ils plus que nous? Que peuvent-ils plus que nous? Que voient-ils que nous ne connaissons point? Un d'eux, un jour ou l'autre, traversant l'espace, n'apparaîtra-t-il pas sur notre terre pour la conquérir, comme les Nor-
260 mands [1] jadis traversaient la mer pour asservir des peuples plus faibles?

Nous sommes si infirmes, si désarmés, si ignorants, si petits, nous autres, sur ce grain de boue qui tourne délayé dans une goutte d'eau.

265 Je m'assoupis en rêvant ainsi au vent frais du soir.

Or, ayant dormi environ quarante minutes, je rouvris les yeux sans faire un mouvement, réveillé par je ne sais quelle émotion confuse ou bizarre. Je ne vis rien d'abord, puis, tout à coup, il me sembla qu'une page du livre
270 resté ouvert sur ma table venait de tourner toute seule. Aucun souffle d'air n'était entré par ma fenêtre. Je fus surpris et j'attendis. Au bout de quarante minutes environ, je vis, je vis, oui, je vis de mes yeux une autre page se soule-ver et se rabattre sur la précédente, comme si un doigt
275 l'eût feuilletée. Mon fauteuil était vide, semblait vide; mais je compris qu'il était là, lui, assis à ma place, et qu'il lisait. D'un bond furieux, d'un bond de bête révoltée, qui va éventrer son dompteur, je traversai ma chambre pour le saisir, pour l'éteindre, pour le tuer!... Mais mon siège,
280 avant que je l'eusse atteint, se renversa comme si on eût fui devant moi... ma table oscilla, ma lampe tomba et s'éteignit, et ma fenêtre se ferma comme si un malfaiteur surpris se fût élancé dans la nuit, en prenant à pleines mains les battants.

285 Donc, il s'était sauvé; il avait eu peur, peur de moi, lui!

Alors... alors... demain... ou après... ou un jour quel-conque, je pourrai donc le tenir sous mes poings, et l'écraser contre le sol! Est-ce que les chiens, quelquefois, ne mordent point et n'étranglent pas leurs maîtres?

290 *18 août*. — J'ai songé toute la journée. Oh! oui, je vais lui obéir, suivre ses impulsions, accomplir toutes ses volontés, me faire humble, soumis, lâche. Il est le plus fort. Mais une heure viendra...

19 août. — Je sais... Je sais... je sais tout! Je viens de lire

---

1. Maupassant se montrait fier, comme Flaubert, d'être un descendant de Viking.

[295] ceci dans la *Revue du monde scientifique* [1] : « Une nouvelle assez curieuse nous arrive de Rio de Janeiro. Une folie, une épidémie de folie, comparable aux démences contagieuses qui atteignirent les peuples d'Europe au moyen âge, sévit en ce moment dans la province de San-Paulo. Les habi-[300]tants éperdus quittent leurs maisons, désertent leurs villages, abandonnent leurs cultures, se disant poursuivis, possédés, gouvernés comme un bétail humain par des êtres invisibles bien que tangibles, des sortes de vampires qui se nourrissent de leur vie pendant leur sommeil, et qui [305] boivent en outre de l'eau et du lait sans paraître toucher à aucun autre aliment [2].

» M. le professeur Don Pedro Henriquez, accompagné de plusieurs savants médecins, est parti pour la province de San-Paulo, afin d'étudier sur place les origines et les [310] manifestations de cette surprenante folie, et de proposer à l'Empereur les mesures qui lui paraîtront les plus propres à rappeler à la raison ces populations en délire. »

Ah! Ah! je me rappelle, je me rappelle le beau trois-mâts brésilien qui passa sous mes fenêtres en remontant la [315] Seine, le 8 mai dernier! Je le trouvai si joli, si blanc, si gai! L'Être était dessus, venant de là-bas, où sa race était née! Et il m'a vu! Il a vu ma demeure blanche aussi; et il a sauté du navire sur la rive. Oh! mon Dieu!

À présent, je sais, je devine. Le règne de l'homme est [320] fini.

Il est venu, Celui que redoutaient les premières terreurs des peuples naïfs, Celui qu'exorcisaient les prêtres inquiets, que les sorciers évoquaient par les nuits sombres, sans le voir apparaître encore, à qui les pressentiments des maîtres [325] passagers du monde prêtèrent toutes les formes monstrueuses ou gracieuses des gnomes, des esprits, des génies, des fées, des farfadets [3]. Après les grossières conceptions de l'épouvante primitive, des hommes plus perspicaces l'ont pressenti plus clairement. Mesmer [4] l'avait deviné, et les

---

1. Cette revue ne figure pas au catalogue de la Bibliothèque Nationale. Comme, dans le premier conte paru sous le titre de *Horla*, il n'est fait aucune allusion à une revue de ce genre, tout permet de croire qu'il s'agit d'un nom de fantaisie, comme, plus bas (l. 307), celui du professeur Henriquez. — 2. Le narrateur avait constaté, au début du récit, que l'Être mystérieux buvait l'eau et le lait pendant la nuit. — 3. Les *farfadets* sont des lutins malicieux et sans méchanceté, tandis que les gnomes sont hideux. Les uns viennent d'une gracieuse imagination populaire, les autres ont été créés par les Kabalistes. — 4. Voir p. 164, note 2.

330 médecins, depuis dix ans déjà, ont découvert, d'une façon précise, la nature de sa puissance avant qu'il l'eût exercée lui-même. Ils ont joué avec cette arme du Seigneur nouveau, la domination d'un mystérieux vouloir sur l'âme humaine devenue esclave. Ils ont appelé cela magnétisme, hypno-
335 tisme, suggestion... que sais-je? Je les ai vus s'amuser comme des enfants imprudents avec cette horrible puissance! Malheur à nous! Malheur à l'homme! Il est venu, le... le... comment se nomme-t-il... le... il semble qu'il me crie son nom, et je ne l'entends pas...le... oui... il le crie...
340 J'écoute... Je ne peux pas... répète... le... Horla... J'ai entendu... le Horla... c'est lui... le Horla... il est venu!...

Ah! le vautour a mangé la colombe; le loup a mangé le mouton; le lion a dévoré le buffle aux cornes aiguës; l'homme a tué le lion avec la flèche, avec le glaive, avec
345 la poudre; mais le Horla va faire de l'homme ce que nous avons fait du cheval et du bœuf : sa chose, son serviteur et sa nourriture, par la seule puissance de sa volonté. Malheur à nous!

Pourtant, l'animal, quelquefois, se révolte et tue celui qui
350 l'a dompté... moi aussi je veux... je pourrai... mais il faut le connaître, le toucher, le voir! Les savants disent que l'œil de la bête, différent du nôtre, ne distingue point comme le nôtre... Et mon œil à moi ne peut distinguer le nouveau venu qui m'opprime.
355 Pourquoi? Oh! je me rappelle à présent les paroles du moine du mont Saint-Michel[1] : « Est-ce que nous voyons la cent-millième partie de ce qui existe? Tenez, voici le vent qui est la plus grande force de la nature, qui renverse les hommes, abat les édifices, déracine les arbres, soulève
360 la mer en montagnes d'eau, détruit les falaises et jette aux brisants les grands navires, le vent qui tue, qui siffle, qui gémit, qui mugit, l'avez-vous vu et pouvez-vous le voir : il existe pourtant[2]! »

Et je songeais encore : mon œil est si faible, si impar-
365 fait, qu'il ne distingue même point les corps durs, s'ils sont transparents comme le verre!... Qu'une glace sans tain

---

1. Au commencement de la nouvelle, le narrateur avait fait un voyage au Mont-Saint-Michel, auquel Maupassant fait plusieurs fois allusion dans son oeuvre (voir *Notre cœur*). — 2. Des prédicateurs ont parfois employé des arguments de ce genre pour prouver l'existence de Dieu.

barre mon chemin, il me jette dessus comme l'oiseau entré
dans une chambre se casse la tête aux vitres. Mille choses
en outre me trompent et l'égarent. Quoi d'étonnant, alors,
370 à ce qu'il ne sache point apercevoir un corps nouveau que
la lumière traverse?

Un être nouveau! pourquoi pas? Il devait venir assurément! pourquoi serions-nous les derniers! Nous ne le
distinguons point, ainsi que tous les autres créés avant
375 nous? C'est que sa nature est plus parfaite, son corps plus
fin et plus fini que le nôtre, que le nôtre si faible, si mala-
droitement conçu, encombré d'organes toujours fatigués,
toujours forcés comme des ressorts trop complexes, que
le nôtre, qui vit comme une plante et comme une bête, en
380 se nourrissant péniblement d'air, d'herbe et de viande,
machine animale en proie aux maladies, aux déformations,
aux putréfactions, poussive, mal réglée, naïve et bizarre,
ingénieusement mal faite, œuvre grossière et délicate,
ébauche d'être qui pourrait devenir intelligent et superbe.
385 Nous sommes quelques-uns, si peu sur ce monde,
depuis l'huître jusqu'à l'homme. Pourquoi pas un de plus,
une fois accomplie la période qui sépare les apparitions
successives de toutes les espèces diverses?

Pourquoi pas un de plus? Pourquoi pas aussi d'autres
390 arbres aux fleurs immenses, éclatantes et parfumant des
régions entières? Pourquoi pas d'autres éléments que le
feu, l'air, la terre et l'eau? — Ils sont quatre, rien que
quatre, ces pères nourriciers des êtres! Quelle pitié! Pourquoi ne sont-ils pas quarante, quatre cents, quatre mille!
395 Comme tout est pauvre, mesquin, misérable! avarement
donné, sèchement inventé, lourdement fait! Ah! l'éléphant,
l'hippopotame, que de grâce! Le chameau, que d'élégance!

Mais direz-vous, le papillon! une fleur qui vole[1]! J'en
rêve un qui serait grand comme cent univers, avec des ailes
400 dont je ne puis même exprimer la forme, la beauté, la
couleur et le mouvement. Mais je le vois... il va d'étoile
en étoile, les rafraîchissant et les embaumant au souffle
harmonieux et léger de sa course!... Et les peuples de là-
haut le regardent passer, extasiés et ravis!...
405   .   .   .   .

---

1. Jules Renard dira, dans ses *Histoires naturelles* : « Le papillon : ce billet doux plié
en quatre cherche une adresse de fleur. »

Qu'ai-je donc? C'est lui, lui, le Horla, qui me hante, qui me fait penser ces folies! Il est en moi, il devient mon âme; je le tuerai!

19 août. — Je le tuerai. Je l'ai vu! je me suis assis hier
410 soir, à ma table; et je fis semblant d'écrire avec une grande attention. Je savais bien qu'il viendrait rôder autour de moi, tout près, si près que je pourrais peut-être le toucher, le saisir? Et alors!... alors, j'aurais la force des désespérés; j'aurais mes mains, mes genoux, ma poitrine, mon front,
415 mes dents pour l'étrangler, l'écraser, le mordre, le déchirer.

Et je le guettais avec tous mes organes surexcités.

J'avais allumé mes deux lampes et les huit bougies de ma cheminée, comme si j'eusse pu, dans cette clarté, le découvrir.
420 En face de moi, mon lit, un vieux lit de chêne à colonnes; à droite, ma cheminée; à gauche, ma porte fermée avec soin, après l'avoir laissée longtemps ouverte, afin de l'attirer; derrière moi, une très haute armoire à glace, qui me servait chaque jour pour me raser, pour m'habiller, et où j'avais
425 coutume de me regarder, de la tête aux pieds, chaque fois que je passais devant.

Donc, je faisais semblant d'écrire, pour le tromper, car il m'épiait lui aussi; et soudain, je sentis, je fus certain qu'il lisait par-dessus mon épaule, qu'il était là, frôlant
430 mon oreille.

Je me dressai, les mains tendues, en me tournant si vite que je faillis tomber. Eh bien?... on y voyait comme en plein jour, et je ne me vis pas dans ma glace!... Elle était vide,

---

● **Le nom « Horla »**

Les hypothèses les plus fantaisistes ont été formulées sur l'origine du nom *Horla*. On y a vu, simplement, un jeu de mots : un être « hors de là ». Pour M. Vial, ce pourrait être le nom inversé de Jean LAHOR, ami de Maupassant. Lanoux pense à une alternance O/A, familière à Maupassant et qu'il avait trouvée dans ZOLA.

① Comparer la description de la nuit à celle du conte de ce nom (p. 154).

② De quel sentiment est animé le narrateur quand il s'écrie par trois fois : *je sais* (l. 294)?

③ Par quels procédés Maupassant parvient-il à créer l'épouvante?

claire, profonde, pleine de lumière! Mon image n'était pas
435 dedans... et j'étais en face, moi! Je voyais le grand verre
limpide du haut en bas. Et je regardais cela avec des
yeux affolés; et je n'osais plus avancer, je n'osais plus
faire un mouvement, sentant bien pourtant qu'il était là,
mais qu'il m'échapperait encore, lui dont le corps impercep-
440 tible avait dévoré mon reflet.

Comme j'eus peur! Puis voilà que tout à coup je commençai à m'apercevoir dans une brume, au fond du miroir,
dans une brume comme à travers une nappe d'eau; et il me
semblait que cette eau glissait de gauche à droite, lentement,
445 rendant plus précise mon image, de seconde en seconde.
C'était comme la fin d'une éclipse. Ce qui me cachait ne
paraissait point posséder de contours nettement arrêtés,
mais une sorte de transparence opaque, s'éclaircissant peu
à peu.

450 Je pus enfin me distinguer complètement, ainsi que je le
fais chaque jour en me regardant.

Je l'avais vu! L'épouvante m'en est restée, qui me fait
encore frissonner.

(1886.)

VIII. CHOSES VUES

LE VOYAGE DU « HORLA »

J'avais reçu, dans la matinée du 8 juillet [1], le télégramme
que voici : « Beau temps. Toujours mes prédictions.
Frontières belges. Départ du matériel et du personnel à
midi, au siège social. Commencement des manœuvres à
5 trois heures. Ainsi donc je vous attends à l'usine à partir
de cinq heures. Jovis [2]. »

A cinq heures précises, j'entrais à l'usine à gaz de la
Villette. On dirait les ruines colossales d'une ville de
cyclopes. D'énormes et sombres avenues s'ouvrent entre
10 les lourds gazomètres alignés l'un derrière l'autre, pareilles
à des colonnes monstrueuses, tronquées, inégalement
hautes, et qui portaient sans doute, autrefois, quelque
effrayant édifice de fer.

Dans la cour d'entrée, gît le ballon, une grande galette
15 de toile jaune, aplatie à terre, sous un filet. On appelle cela
la mise en épervier; et il a l'air, en effet, d'un vaste poisson [3]
pris et mort.

Deux ou trois cents personnes le regardent, assises ou
debout, ou bien examinent la nacelle, un joli panier carré,
20 un panier à chair humaine qui porte sur son flanc, en lettres
d'or, dans une plaque d'acajou : *Le Horla*.

On se précipite soudain, car le gaz pénètre enfin dans le
ballon par un long tube de toile jaune qui rampe sur le
sol, se gonfle, palpite comme un ver démesuré. Mais une
25 autre pensée, une autre image frappent tous les yeux et tous
les esprits. C'est ainsi que la nature elle-même nourrit les
êtres jusqu'à leur naissance. La bête qui s'envolera tout à
l'heure commence à se soulever, et les aides du capitaine
Jovis, à mesure que *le Horla* grossit, étendent et mettent
30 en place le filet qui le couvre, de façon à ce que la pression

---

Ce récit figure dans le tome intitulé « Misti » (Albin Michel), dans le tome IX de la Librairie de France et le tome II de l'édition Schmidt-Delaisement.

1. 1886. Voir Document, *En ballon*, p. 179. — 2. « C'est un méridional, actif, énergique,
souple et fort comme il faut l'être pour pratiquer ce sport dangereux et qui va faire, avec
le *Horla*, sa deux cent quatorzième ascension » (Maupassant, « En l'air », le *Figaro*,
9 juillet 1887). — 3. L'*épervier* est un filet conique garni de plomb, qu'on lance pour prendre
le poisson.

soit bien régulière et également répartie sur tous les points.

Cette opération est fort délicate et fort importante; car la résistance de la toile de coton, si mince, dont est fait l'aérostat, est calculée en raison de l'étendue du contact de
35 cette toile avec le filet aux mailles serrées qui portera la nacelle.

Le Horla, d'ailleurs, a été dessiné par M. Mallet[1], construit sous ses yeux et par lui. Tout a été fait dans les ateliers de M. Jovis, par le personnel actif de la société,
40 et rien au dehors.

Ajoutons que tout est nouveau dans ce ballon, depuis le vernis jusqu'à la soupape, ces deux choses essentielles de l'aérostation. Il doit rendre la toile impénétrable au gaz, comme les flancs d'un navire sont impénétrables à l'eau.
45 Les anciens vernis à base d'huile de lin avaient le double inconvénient de fermenter et de brûler la toile qui, en peu de temps, se déchirait comme du papier.

Les soupapes offraient ce danger de se refermer imparfaitement dès qu'elles avaient été ouvertes et qu'était brisé
50 l'enduit, dit cataplasme, dont on les garnissait. La chute de M. Lhoste, en pleine mer et en pleine nuit, a prouvé, l'autre semaine, l'imperfection du vieux système.

On peut dire que les deux découvertes du capitaine Jovis, celle du vernis principalement, sont d'une valeur inesti-
55 mable pour l'aérostation.

On en parle d'ailleurs dans la foule, et des hommes, qui semblent être des spécialistes, affirment avec autorité que nous serons retombés avant les fortifications. Beaucoup d'autres choses encore sont blâmées dans ce ballon d'un
60 nouveau type que nous allons expérimenter avec tant de bonheur et de succès.

Il grossit toujours, lentement. On y découvre de petites déchirures faites pendant le transport; et on les bouche, selon l'usage, avec des morceaux de journal appliqués sur
65 la toile en les mouillant. Ce procédé d'obstruction inquiète et émeut le public.

Pendant que le capitaine Jovis et son personnel s'occupent des derniers détails, les voyageurs vont dîner à la cantine de l'usine à gaz, selon la coutume établie.
70 Quand nous ressortons, l'aérostat se balance, énorme

---

1. Ce personnage n'est pas autrement connu.

et transparent, prodigieux fruit d'or, poire fantastique que mûrissent encore, en la couvrant de feu, les derniers rayons du soleil.

75 Voici qu'on attache la nacelle, qu'on apporte les baromètres, la sirène que nous ferons gémir et mugir dans la nuit, les deux trompes aussi, et les provisions de bouche, les pardessus, tout le petit matériel que peut contenir, avec les hommes, ce panier volant.

Comme le vent pousse le ballon sur les gazomètres, on
80 doit à plusieurs reprises l'en éloigner pour éviter un accident au départ.

Tout à coup le capitaine Jovis appelle les passagers.

Le lieutenant Mallet [1] grimpe d'abord dans le filet aérien entre la nacelle et l'aérostat, d'où il surveillera, durant
85 toute la nuit, la marche du *Horla* à travers le ciel, comme l'officier de quart, debout sur la passerelle, surveille la marche du navire.

M. Étienne Beer monte ensuite, puis M. Paul Bessand, puis M. Patrice Eyriès, et puis moi [1].

90 Mais l'aérostat est trop chargé pour la longue traversée que nous devons entreprendre, et M. Eyriès doit, non sans grand regret, quitter sa place.

M. Jovis, debout sur le bord de la nacelle, prie, en termes fort galants, les dames de s'écarter un peu, car il craint, en
95 s'élevant, de jeter du sable sur leurs chapeaux; puis il commande : « Lâchez-tout ! » et tranchant d'un coup de couteau les cordes qui suspendent autour de nous le lest accessoire qui nous retient à terre, il donne au *Horla* sa liberté.

100 En une seconde nous sommes partis. On ne sent rien; on flotte, on monte, on vole, on plane. Nos amis crient et applaudissent, nous ne les entendons presque plus; nous ne les voyons qu'à peine. Nous sommes déjà si loin ! si haut ! Quoi ! nous venons de quitter ces gens là-bas ? Est-ce
105 possible ? Sous nous maintenant, Paris s'étale, une plaque sombre, bleuâtre, hachée par les rues, et d'où s'élancent de place en place, des dômes, des tours, des flèches; puis, tout autour, la plaine, la terre que découpent les routes longues, minces et blanches au milieu des champs verts,
110 d'un vert tendre ou foncé, et des bois presque noirs.

---

1. Voir *En Ballon*, p. 181, note 2.

La Seine semble un gros serpent roulé, couché immobile,
dont on n'aperçoit ni la tête ni la queue ; elle vient de là-bas,
elle s'en va là-bas, en traversant Paris, et la terre entière a
l'air d'une immense cuvette de prés et de forêts qu'enferme
115 à l'horizon une montagne basse, lointaine et circulaire.

Le soleil qu'on n'apercevait plus d'en bas reparaît pour
nous, comme s'il se levait de nouveau, et notre ballon lui-
même s'allume dans cette clarté ; il doit paraître un astre
à ceux qui nous regardent. M. Mallet, de seconde en
120 seconde, jette dans le vide une feuille de papier à cigarettes et dit tranquillement : « Nous montons, nous montons toujours », tandis que le capitaine Jovis, rayonnant
de joie, se frotte les mains en répétant : « Hein ? ce
vernis, hein ! ce vernis. »
125 On ne peut, en effet, apprécier les montées et les descentes
qu'en jetant de temps en temps une feuille de papier à
cigarettes. Si ce papier, qui demeure, en réalité, suspendu
dans l'air, semble tomber comme une pierre, c'est que le
ballon monte ; s'il semble au contraire s'envoler au ciel,
130 c'est que le ballon descend.

Les deux baromètres indiquent cinq cents mètres environ,
et nous regardons, avec une admiration enthousiaste, cette
terre que nous quittons, à laquelle nous ne tenons plus
par rien et qui a l'air d'une carte de géographie peinte, d'un
135 plan démesuré de province. Toutes ses rumeurs cependant
nous arrivent distinctes, étrangement reconnaissables.
On entend surtout le bruit des roues sur les routes, le cla-
quement des fouets, le « hue » des charretiers, le roulement
et le sifflement des trains, et les rires des gamins qui courent
140 et jouent sur les places. Chaque fois que nous passons sur
un village, ce sont des clameurs enfantines qui dominent
tout et montent dans le ciel avec le plus d'acuité.

[...]   *(16 juillet 1887.)*

① Comparer la description de l'usine à gaz avec certaines pages
de Zola, comme la description du Voreux dans *Germinal.*

② Étudier la fusion des éléments scientifiques et des éléments
fantastiques (*gaz, aérostat, vernis... prodigieux, fantastique*).

③ Paris vu du ballon ne fait-il pas penser au film d'Albert Lamo-
risse, *Voyage en ballon,* qui fait redécouvrir le relief de la France ?

④ Étudier la création du fantastique (l. 116 à 145).

DOCUMENT

EN BALLON [1]

En 1886, pendant notre séjour à Antibes, mon maître rentrant un soir me dit : « Je flânais sur la promenade des Anglais quand je fis la rencontre du Prince de Desling, duc de Rivoli, accompagné de quelques dames. Je m'avançai pour le saluer et présenter mes hommages à ces dames, lorsqu'il m'aperçut.

« Vous, déjà à Nice, mon cher! Mais, cela se trouve à merveille, nous, nous sommes venus comme d'habitude, toujours attirés par les splendeurs de ce beau pays, de cette attirante enchanteresse aux reflets toujours bleus, dont, nous en convenons, nous avons la faiblesse de ne plus pouvoir nous priver, et, ajouta-t-il, un peu aussi pour voir de près le célèbre aéronaute Jovis [2], ce Marseillais accompli qui monte son ballon et s'élève dans les airs avec une maestria étonnante, et, si vous ne craignez pas de vous mêler à la foule compacte qui, je le crains, va se presser sur l'emplacement où se prépare le gonflement de l'aérostat, vous assisterez à un spectacle très intéressant. »

J'acceptai avec le plus grand plaisir. Et me joignant à cette aimable société, nous nous rendîmes aussitôt sur le point indiqué pour cette ascension et assistâmes aux derniers préparatifs. Je remarquai que l'aéronaute était très agile et, bien qu'un peu vif, il avait une grande expérience et opérait ses manœuvres avec beaucoup de précision et une très grande habileté. Installé dans sa nacelle, il salua gracieusement la foule, et, avant de prononcer le sacramentel « lâchez tout! », il serra la main au Prince de Desling qui lui dit : « M. Jovis, voulez-vous me faire le plaisir de venir dîner ce soir au Château, 7 heures, avec votre aérostat?

— J'accepte volontiers, répondit-il, je serai au rendez-vous à l'heure exacte. »

Comme il l'avait promis au Prince, M. Jovis, à 7 heures précises, opérait sa descente sur la magnifique terrasse de cette demeure royale. Le Prince et ses convives firent une chaleureuse ovation à cet habile aéronaute qui donna à chacun tous les détails qui lui étaient demandés.

---

1. Texte tiré des *Nouveaux Souvenirs intimes sur Guy de Maupassant* par François Tassart, son valet de chambre, publiés par Pierre Cogny (Nizet, 1962). — 2. voir p. 175 note 2.

C'est à partir de ce jour-là que M. Jovis ayant gagné la confiance de M. de Maupassant, celui-ci résolut de confier à cet habile praticien la construction de son *Horla*.

Peu de temps avant d'en prendre livraison, mon maître me donna rendez-vous aux ateliers du boulevard de Clichy pour me montrer son ballon à peu près terminé.

Le 8 juillet, Monsieur fit sa première ascension avec son *Horla*, ayant à bord M. Jovis comme capitaine. Partis de la Villette vers 5 heures du soir, ils s'élevèrent par un temps superbe et, pendant plus d'une heure, le ballon se maintint sur Paris dans la direction de l'Est, puis se rendant au désir exprimé par la Princesse Mathilde [1] de voir l'aérostat au-dessus de Saint-Gratien [2], le capitaine le dirigea de ce côté et, de 9 à 11 heures, la Princesse et ses nombreux invités eurent la satisfaction de voir planer le ballon au-dessus du Château et du magnifique parc que la Princesse Mathilde y avait formé dès l'acquisition de cette propriété princière, illustrée par le Maréchal Catinat [3] qui, après sa malheureuse campagne du Milanais, s'y retira et mourut en 1712.

Au-dessus de Saint-Gratien, on entendait les voix des personnes qui se trouvaient sur la terrasse, de la salle à manger, tellement le temps était calme. Vers onze heures, le ballon, dirigé vers l'Est jusqu'à Nogent-sur-Marne, fut pris tout à coup par un vent d'orage qui le poussa vers le Nord avec une rapidité incroyable et bientôt nous nous trouvâmes au-dessus de Roubaix à 200 mètres de hauteur, ce renseignement nous avait été donné par des charretiers auxquels nous nous étions adressés; un quart d'heure plus tard, nous passions au-dessus d'une autre grande ville. « C'est Gand, dit Jovis, je le reconnais à ses clochers. » « Une cloche sonna à ce moment, et je pensai : « C'est la Roland du beffroi des communes qui salue au passage notre aérostat. » Puis, notre course ayant continué quelque temps encore, je fis remarquer à M. Jovis que nous avions devant nous une grande étendue, un grand espace qui me paraissait plus clair. « Certainement, me répondit-il, vous avez parfaitement raison, nous arrivons au bord de la mer et nous n'avons que tout juste le temps de prendre nos mesures d'atterrissage. » Nous éprouvâmes deux secousses assez fortes, car l'ancre ne s'accrocha qu'à la deuxième, après un pommier qui se trouvait dans le verger d'une ferme en bordure de mer. Il était trois heures vingt du matin et nous avions franchi la distance de Paris-Heyst en deux heures et quelques minutes (Heyst-s-mer, ville de Belgique, province de Flandre occidentale, à 18 km. de Bruges sur la mer

---

1. Fille (1820-1904) de Jérôme, roi de Westphalie, et nièce de Napoléon Ier. Elle s'entoura d'une petite cour de fidèles, parmi les gens de lettres et les artistes. — 2. Près de Pontoise, en Seine-et-Oise. — 3. Maréchal de France (1637-1712).

du Nord[1]); des paysans arrivèrent aussitôt, car on est matinal dans ces pays flamands, et, avec beaucoup d'empressement, nous aidèrent à mettre notre ballon en état d'être transporté et nous conduisirent à la gare avec notre matériel.

L'année suivante, M. de Maupassant fit une seconde ascension avec son *Horla*, cette fois, il avait à bord une dame et, à cause de cela, me dit mon maître, l'ascension ne sera pas longue, nous quitterons la Villette au plus tard à quatre heures, je vous prie donc de nous préparer un bon dîner froid que nous emporterons pour parer à tout événement et qu'à notre descente nous ne soyions pas pris au dépourvu; peut-on prévoir à l'avance où l'on atterrira? Pour me conformer aux ordres de mon maître, j'ai donc préparé le *filet de bœuf du Horla*, un poulet à la gelée et tout ce qui constitue un dîner froid très confortable. Nous nous rendons à l'usine à gaz de la Villette où nous trouvons une foule considérable, beaucoup de monde de la Société des Gens de Lettres, qui sont venus assister à l'ascension de la dame et de son mari, tous deux écrivains scientifiques amateurs, très appréciés des vrais lettrés. J'assiste avec mon ami Louis (un fanatique de mon maître) aux derniers préparatifs, j'aperçois alors mon maître qui se détache d'un groupe et cherche des yeux s'il m'aperçoit, je m'avance aussitôt à sa rencontre. « Ne vous éloignez pas, me dit-il, le départ va avoir lieu dans quelques instants, et, si M. B... que nous attendons n'arrive pas, je vous prendrai avec nous[2]. »

Ce moment fut certainement le plus poignant que j'aie éprouvé de ma vie; j'étais là anxieux, regardant tous ces petits sacs de sable que, quelques instants plus tard, on allait vider dans les airs, quand à mon grand regret je vis arriver M. B... Je me résignai, ma place étant prise. [...]

● **En ballon**

Ce texte n'a d'autre intérêt que de montrer la méthode de Maupassant, en comparant son récit avec celui de son serviteur. Nous sommes ainsi assurés de l'authenticité du *Voyage du Horla*.

① Relever les détails qui figurent également chez Maupassant et chez François.

② En quoi l'atmosphère est-elle plus rassurante chez François?

---

1. Nous laissons à François la responsabilité de ces commentaires naïfs. — 2. Noms des personnes qui montèrent en ballon : M. de Maupassant, M. et Mme Richard, M. Bessan, Jovis, capitaine, et Mallet, lieutenant (note de François).

ÉTUDE LITTÉRAIRE

Maupassant et le conte Sans remonter aux contes merveilleux que nous ont légués l'Antiquité gréco-latine (anneau de Gygès ou *Ane d'or* d'Apulée), l'Orient (*Contes des Mille et une Nuits*), l'Italie (le *Décaméron* de Boccace), et pour se limiter à la tradition française, on peut relever dès le Moyen Age ces contes en vers que sont les *Lais* de Marie de France (aristocratiques) ou les fabliaux (populaires et bourgeois).

Avec la Renaissance, en dehors des contes qui ont subi l'influence italienne, comme l'*Heptaméron* de Marguerite de Navarre, paraissent les *Récréations et joyeux devis* de Bonaventure des Périers.

Au XVIIᵉ siècle, le merveilleux se retrouve chez Perrault, tandis que l'esprit gaulois du Moyen Age renaît chez La Fontaine.

Le XVIIIᵉ siècle, qui fit de tout genre littéraire une arme de combat, transforme le conte en véhicule d'idées philosophiques chez Voltaire *(Zadig, Micromégas, Candide...)* comme chez Marmontel.

Au XIXᵉ siècle, si la place prépondérante prise par l'histoire, si la naissance du Réalisme puis du Naturalisme donnent aux détails pris sur le vif une importance capitale, on trouve encore chez Nodier, voire Flaubert et Daudet, des traces de ce merveilleux qui semble être la caractéristique même du genre du conte.

Avec Maupassant, lorsqu'on aborde les contes « parisiens », on est frappé par une sorte de clivage qui opère entre les récits une classification très nette.

D'une part, on retrouve, transposée à la ville, la simple, la banale anecdote : *le Parapluie, la Parure, le Protecteur* sont des drames ou des farces tirés du quotidien.

Mais, auprès de ces derniers et tirant du voisinage un relief d'autant plus inquiétant, d'autres contes introduisent un merveilleux, ou plutôt un « inexpliqué » plus ou moins discret : d'où vient Mˡˡᵉ Perle? Quel est ce cadavre inconnu de vieille femme (*Sur l'eau*, p. 105, l. 222)? Comment et pourquoi Signoles, brave sans contestation, en vient-il à se tuer pour ne pas se battre en duel? Comment s'opère, de la fille à la mère *(Fini)* et de la mère au fils *(Un portrait)*, cette transmission d'un « charme » irrésistible?... Et notre sélection se termine sur des contes comme *Rêves, la Nuit* ou *le Horla*, qui sont franchement hallucinatoires.

Les Parisiens Maupassant eut une enfance normande,
de Maupassant mais, très vite, il devint un Parisien, et les
catégories sociales qu'il nous présente sont
issues directement de son expérience personnelle.

A première vue, l'éventail en peut sembler plus restreint que
celui de Balzac qui, unissant un don de « voyance » à un déter-
minisme tout scientifique, prétendait pouvoir décrire n'importe
quel individu, s'il connaissait sa maison, son métier, son vêtement et la couleur de ses yeux. Mais Maupassant gagne en
profondeur ce qu'il perd en étendue : canotiers et pègre dans
la Femme de Paul, boutiquiers dans *Deux Amis*, employés
dans *la Parure* ou *le Parapluie*, et surtout mondains blasés
dans *Fini*, *Un portrait*, ou *Solitude*, ils présentent d'impercep-
tibles ressemblances qui les distinguent des provinciaux :
un certain sens du comique, de la « blague », de la « gouaille »,
qui est sans rapport avec le « bon tour » paysan : « Nous leur
offririons une friture » (*Deux Amis*, p. 28, l. 97); « Je ne regarde
pas au prix » (*Le Parapluie*, p. 72, l. 326); « Ne recommandez
jamais personne » (*Le Protecteur*, p. 140, l. 200). Mais surtout —
car le pessimisme de Maupassant rend assez rares ou assez
amères ces saillies — éclate une intelligence plus aiguisée qui se
traduit en lucidité; les brutes paysannes subissent sans comprendre et souvent sans réagir les coups du destin, mais Lormerin
« sait » et dit qu'il est « fini » : il a conscience immédiatement
du transfert qui s'opère de son ancienne amie à la très jeune
fille dont elle est la mère. Signoles essaie désespérément de
lutter contre l'angoisse qui le paralyse, et c'est précisément
parce qu'il se « sait » lâche qu'il se tue. Dans *Rêves* (p. 144,
l. 109 et suiv.), le Docteur insiste surtout sur les effets intellectuels de l'éther : « Je comprenais, je sentais, je raisonnais avec
une netteté, une profondeur, une puissance extraordinaires,
et une joie d'esprit, une ivresse étrange venue de ce décuplement
de mes facultés mentales. »

L'intrigue des contes Or nous avons dit précédemment que
l' « inexpliqué » tenait une place
prépondérante dans nos contes parisiens. Il y aurait donc à
première vue contradiction, s'il est vrai que lucidité et inexpliqué
soient contradictoires. En réalité, la prédominance de l'un ou
de l'autre nous donne la clef de la composition. Si on les compare
aux contes paysans, les contes de la vie parisienne peuvent passer
pour moins construits : si *Deux Amis*, *Promenade* ou *Un lâche*
se terminent par la mort du ou des protagonistes, nous ignorons
ce qu'il advient de M. Chantal, maintenant que le narrateur
lui a fait prendre conscience de son amour pour Mlle Perle;
nous ne savons pas ce que Lormerin va faire, encore que l'on
puisse penser à un suicide comme celui d'Olivier Bertin dans

Fort comme la mort ; nous ignorons si les amis blasés du narrateur de *Rêves* vont recourir à l'éther; et nous attendons vainement, dans *la Nuit*, la phrase banale, « je m'éveillai dans mon lit », en dépit de la précaution que Maupassant a prise de donner à sa nouvelle le sous-titre « Cauchemar ».

Cette « netteté » de composition que les critiques s'accordent à reconnaître aux contes paysans serait donc moins grande ici. Toutefois, la différence s'explique peut-être précisément par le milieu social : hobereaux ou rustres, les campagnards sont des simples qui vivent des histoires simples. Au contraire, employés ou mondains, et surtout les mondains, sont beaucoup plus complexes, et leur vie ne peut pas présenter la même limpidité.

Maupassant juge d'une société
Nous observons, dans les *Scènes de la vie de province*, qu'il témoigne toujours aux paysans cette estime de fond qu'il refusera souvent aux gens de la ville. C'est alors que se pose le problème du comportement de Maupassant : laissant de côté la vie de bureau qui fut la sienne tant qu'il ne put faire autrement, il a été longtemps, aussi longtemps que ses forces le lui ont permis, un canotier et, jusqu'à la fin, un mondain. Or, si l'on admet que les joies du sport compensent la qualité inférieure de ses partenaires, pour le « monde » il n'y a aucune compensation, et ce ne sont pas les romans qui corrigent sur ce point les contes! Il est révélateur de noter que, dans notre choix, les seuls individus capables d'un sacrifice sont deux modestes boutiquiers (*Deux Amis*, p. 32, l. 216-237). Les mondains de Maupassant sont, sans le dire, sans le savoir sans doute, disciples de Schopenhauer : ils se suicident réellement, comme Signoles, indirectement par l'éther, comme le narrateur de *Rêves* (et Maupassant lui-même), ou par l'enlisement dans la vie de brasserie *(Garçon, un bock!)*. C'est donc, une fois de plus, le pessimisme de l'auteur que nous devons noter, pessimisme tempéré, sinon adouci, chez Maupassant, par la sensibilité.

La sensibilité de Maupassant
A première vue, le défaut essentiel de ces hommes est précisément d'ignorer cette faculté. Ce sont de monstrueux égoïstes à la recherche de leur plaisir personnel, et cependant il ne serait peut-être pas impossible de trouver chez eux, à l'origine, la blessure que Maupassant révèle dans *Garçon, un bock!* Il est notable que ces contes de mondains ne font aucune place à l'enfant, objet de la sollicitude de Maupassant dans tant de contes pudiques, comme *le Papa de Simon* (*Scènes de la vie de province*, p. 131) : néanmoins, *Garçon, un bock!* nous fait voir, derrière la lamentable épave aux cheveux clairsemés

et pelliculeux, le petit garçon frais et candide qui a eu la révélation du mal par les deux êtres qu'il vénérait naturellement, son père et sa mère. Et la présentation de Mlle Perle est faite avec une tendresse infiniment touchante dans sa balourdise par celui qui n'aura pas su prendre conscience tout seul de l'amour qu'il lui porte.

En conclusion, lucidité, personnalité, sensibilité, les aspects du conteur paysan sont aussi ceux du conteur parisien, car c'est en cela que consiste le classicisme de Maupassant.

Le style de Maupassant Maupassant risquait, s'il avait voulu parodier la recherche du vocabulaire mondain ou la pauvre technicité des conversations d'employés, de tomber rapidement dans le démodé. Les générations actuelles rient-elles d'aussi bon cœur, en lisant *Messieurs les ronds de cuir* de Courteline, que leurs prédécesseurs? Les romans de Georges Ohnet ou d'Octave Feuillet n'excitent-ils pas une hilarité que leurs auteurs n'avaient pas prévue? Maupassant a su conserver à son style la limpidité et la propriété qui en sont les qualités essentielles. D'autre part, ses personnages étant plus raffinés, plus artistes que les ruraux, il a su donner à la poésie une place à première vue inattendue, et ses tableaux de la ville ne laissent rien à désirer à ceux de la campagne. Qu'on relise la description de la rivière dans *Deux Amis*, des Champs-Élysées dans *Promenade*, ou les notations plus brèves de *Solitude*, et surtout l'admirable conte *La Nuit*.

Maupassant est donc bien un artiste complet, un réaliste et un poète, un observateur, tantôt impitoyable, tantôt sensible, et toujours un très grand écrivain.

JUGEMENTS D'ENSEMBLE

La plupart des jugements cités dans les *Scènes de la vie de province* pourraient être reproduits dans les *Scènes de la vie parisienne*. Nous avons donc mêlé ici à des jugements d'ensemble portant sur le psychologue ou l'artiste, quelques textes évoquant plus précisément les héros citadins de Maupassant.

1880 « Un conteur est un monsieur qui, ne sachant pas écrire, débite prétentieusement des balivernes. »
       (Propos prêté à J.-K. Huysmans par Maupassant lui-même dans un article du *Gaulois*, 1er avril 1880.)

1882 « Il a étudié [les types] avec passion, il les copie avec amour, et cela se sent dans les portraits qu'il en donne. C'est ce qui fait l'intérêt de quelques nouvelles qui n'ont d'autre signification ni d'autre portée que celle d'un tableau de genre, mais où le peintre, s'il s'appelle Chardin, a dépensé plus de talent qu'on n'en a mis bien souvent dans la décoration d'un palais ou d'une église. »
       (Ferdinand Brunetière, *Le Roman naturaliste*.)

1886 « M. Guy de Maupassant est peut-être, de tous nos prosateurs contemporains, celui qui possède la langue la plus personnelle, ample à la fois et éclatante. »
       (Francisque Sarcey, « Monsieur Parent », *Nouvelle Revue*, 15 janvier 1886, p. 407-409.)

1893 « Quelle galerie de portraits féminins immortels, cette œuvre de Maupassant ! Il a pénétré notre âme à toutes, aussi bien l'âme élémentaire des rougeaudes paysannes de Normandie que l'âme sentimentale et perverse de la femme d'employé, de la boutiquière, que l'âme complexe, mobile de la mondaine [...]. Ce sont des portraits à la fois réalistes et intellectuels, décelant la vision aiguë du peintre en même temps que sa faculté extraordinaire de diagnostic sentimental. »
       (Colombine, Chronique, *Gil Blas*, 10 juillet 1893.)

1894 « [...] il a donné de la vie une traduction et de l'art une expression qui, en dépit de différences profondes, venues de la différence des temps, s'en vont rejoindre, à travers les siècles, le réalisme des maîtres classiques. »
       (René Doumic, *Écrivains d'aujourd'hui*, p. 96, Perrin, 1894.)

1909 « Quelle compassion pour les faibles, les humbles, les déshérités : pour la folle, la vieille fille, le bureaucrate chétif [...]. Ce n'est plus pitié qu'il faut dire ici, c'est *charité*. »
(LÉON GESTUCCI, *Le Pessimisme de Maupassant*, Lyon, Publications de l'Office social, 1909.)

1920 « [...] un paysan et un vagabond fait pour les côtes et les bois et non pour les rues ».
LÉON DEFFOUX ET ÉMILE ZAVIE, *Le Groupe de Médan*, Paris, 1920.)

1938 « Il surpasse [...] Bourget comme psychologue. »
(JOHAN BOJER, dans Artinian, p. 44.)

1938 « [...] les histoires citadines [...] aujourd'hui paraissent un peu vulgaires de style et de sentiments. »
(ANDRÉ THÉRIVE, dans Artinian, p. 138.)

1938 « Il écrivait pour des journaux : donc hâte nécessaire et brutalité efficace : que le conte fût dans la tonalité du journal, dans son accord tonique. Une chose très délicate ne peut voisiner avec des meurtres et des catastrophes. »
(JEAN DE LA VARENDE, dans Artinian, p. 90).

1950 « Il a le don de s'inspirer d'une anecdote banale et d'enfermer, en concentré, toute une philosophie amère, toutes ses opinions désenchantées de l'humanité [...].
» C'est ici qu'est sa limite. Maupassant a été un pessimiste. Un désespéré. »
(MAXENCE VAN DER MEERSCH, dans Artinian, p. 140.)

1955 « Et l'employé parisien, serait-il ce qu'il est aujourd'hui sans Maupassant? Courteline a-t-il fait autre chose, ici, que de suivre et de prolonger Maupassant? »
(ARTINIAN, Introduction, p. 42.)

1955 « Plus tard dans sa carrière, l'auteur de *Boule de suif* montra une prédilection croissante pour les romans à cadre mondain dans lesquels l'objectivité qui l'avait rendu célèbre cédait le pas à une analyse détaillée des sentiments. »
(*Idem*, *ibidem*, p. 28.)

1955 « On objecte [...] que beaucoup des contes du grand écrivain sont de forme trop mécanique, qu'ils s'arrangent de façon trop conventionnelle en vue de l'effet à produire dans la conclusion. »
(*Idem*, *ibidem*, p. 21.)

1956 « La notoriété de Maupassant fut immédiate, parce les lecteurs ont senti très vite que se réalisait ici l'accord exemplaire d'un art personnel et des exigences nouvelles de l'impersonnalité [...]. Ce succès l'encouragea à écrire des contes [contes

normands]... études de mœurs, contes où bientôt le pessimisme
du littérateur bascule dans le fantastique. »

(Gaëtan Picon, dans l'*Histoire des littératures*, Encyclo-
pédie de la Pléiade, t. III, p. 1086.)

1966   « Ce monde de Maupassant, c'est un monde bouché, hermé-
tiquement clos. Dieu était mort déjà, en France, chez les fils
de Renan et de Taine, et chez ceux de Flaubert, bien avant que
Nietzsche en ait annoncé la nouvelle au monde. Là où Dieu
est mort, l'homme finit par mourir lui aussi. Il y a mis un peu
de temps dans le roman français, — mais enfin le voilà liquidé
à son tour : il n'y a plus personne, il n'y a plus rien. »

(François Mauriac, « Bloc-Notes », *Le Figaro littéraire*,
1er septembre 1966.)

1967   « Les contes mondains de Maupassant sont de pesantes copies
des plus bas petits-maîtres du xviiie siècle. »

(Lanoux, *Maupassant le Bel Ami*, p. 175.)

« Maupassant, le Balzac des femmes du monde. »
(p. 208.)

« Quand il imagine, sur canevas de souvenir, de récit entendu ou
de fait divers, il va toujours dans la même direction, vers la
peur, l'angoisse, l'odieux néant qui le révolte et le fascine.
Jamais il n'est emporté vers le féerique, l'onirique léger, le
merveilleux! Il n'a aucun sens du merveilleux. Toute imagination pour lui est fantastique, et tout fantastique, morbide. »
(p. 248.)

1967   « Lorsque nous lisons *Madame Bovary*, ou un conte de Maupassant, nous ne nous identifions pas avec les héros : ils sont trop
exactement décrits, et avec trop d'habileté, pour que nous les
sentions comme s'ils se voyaient eux-mêmes. Nous n'avons
pas non plus à nous émouvoir et à souffrir comme chez Dickens,
et chez le cruel Balzac, devant les épreuves que la vie leur impose.
Non, même s'ils sont malheureux, victimes d'une injustice,
ils sont peints avec *tellement d'application et de talent descriptif*
que, ce que nous avons à admirer, c'est la *peinture*. »

(R.-M. Albérès, *Histoire du roman moderne*, nouvelle édition,
p. 51-52.)

1968   « Si Maupassant, au cours de sa brève carrière, eut une préoccu-
pation dominante, ce fut bien la folie, dont les manifestations
pouvaient ressembler si fort à celles de la drogue. »

(P. Cogny, *Maupassant, l'homme sans Dieu*, p. 178.)

THÈMES DE RÉFLEXION

① A l'aide des textes suivants, essayer de préciser les rapports entre Maupassant et Proust, peintres du « monde » :

« Au tournant du siècle, [Maupassant] fut victime de l'évolution du roman; des goûts nouveaux, en partie sous l'influence de Freud et de Proust, allaient peu à peu détourner les lecteurs français de celui qui avait eu longtemps auprès d'eux la plus large audience. »
(Artinian, Introduction à *Pour et contre Maupassant*, p. 8.)

« La gloire de Maupassant a subi une éclipse au lendemain de la dernière guerre, alors qu'on était tout à la psychologie subtile de Proust. »
(John Charpentier, dans Artinian, p. 54.)

« Le Symbolisme a vieilli pour nous Maupassant, à qui manquait le sens de la poésie. Lorsqu'avec Gide, Proust, Giraudoux, Larbaud, l'influence du Symbolisme a contribué à poétiser notre roman, Maupassant s'est mis à dater. Proust nous a ensuite, et Freud avec lui, fait découvrir de nouvelles dimensions dans la psychologie; Maupassant, en regard, a vite paru mince. »
(Henri Peyre.)

② Maupassant, peintre de la société de son temps, a-t-il su garder sa valeur, ou semble-t-il tout simplement démodé? Utiliser, dans leur divergence, les opinions suivantes (dans Artinian) :

« Le temps ne mord pas sur un style dépouillé d'avance, comme l'est le sien. » (Roger Vercel.)

« Son langage dépouillé, dur, son observation rigoureuse le préservent des injures des années. » (Alexandre Arnoux.)

« Les femmes du monde, malgré les mérites du peintre, prêtent à rire par leur toilette, qui n'est plus de notre temps. Il faut au critique faire abstraction de celle-ci pour apprécier le talent de l'auteur. » (Pierre Mille.)

« Nul écrivain n'est plus représentatif de son époque que Guy de Maupassant : canotiers, sport naissant et dames en falbalas. » (Marc Bernard.)

« Avoir attrapé le style à la mode, c'est, pour l'habile homme, le succès immédiat, voire la célébrité, et, parfois, la gloire. Mais, quand une nouvelle génération surgit, il se crée une nouvelle mode et c'en est fait de l'ancienne. » (Charles Bruneau.)

« A mon avis, Maupassant est un de nos grands peintres de la société française et d'une époque qui nous paraissent, il est vrai, tellement défuntes aujourd'hui, avec leur décor au gaz, aux « tournures », barbes et moustaches ! » (Blaise Cendrars.)

« Je crois qu'il est de ces auteurs sur qui le temps n'a pas de prise, parce qu'il n'y a en lui aucun parti pris d'aucun maniérisme. [Sa langue] reste aussi fraîche qu'au premier jour. [Il] a décrit l'extérieur de l'être humain, ses gestes et ses réactions immédiates, c'est-à-dire ce qu'il y a de plus éternel, de plus indépendant de la diversité des races et des époques. » (Léon Lemonnier.)

« Guy de Maupassant [...] est aujourd'hui quelque peu *démodé* en France. Cela tient, je suppose, à la société qu'il décrit (1880-1890) et qui nous fait sourire par son apparente futilité. » (Guy de Pourtalès.)

« Il a voulu être un spectateur impartial, insensible même, une sorte de témoin de son époque, et j'estime qu'il a atteint cet idéal d'écrivain. » (R. Roussel.)

③ Peut-on dire, ainsi que certains critiques l'ont reproché à Maupassant, qu'il a écrit des histoires « où il ne se passe rien »? « Guy de Maupassant, malgré sa réelle perfection, reste pour moi un univers sans secret. Dans ses récits, la véritable histoire commence là où, pour lui, elle se termine. » (Lise Deharme.)

④ Y a-t-il une différence entre les pages de Maupassant sur la guerre dans les contes paysans *(Boule de Suif, Un coup d'État)* et les contes parisiens *(Deux Amis)* ?

⑤ Dans ses *Antimémoires* (t. I, p. 19), André Malraux parle de ce qu'il appelle les « créations prémonitoires » des « rêveurs diurnes »; et il cite Chamfort, Maupassant, Balzac, Nietzsche... Quelle part de prémonition peut-on trouver dans les contes inspirés par la drogue et la folie?

TABLE DES MATIÈRES

Imprimerie Jean-Lamour, 54320 Maxéville

Dépôt légal : janvier 1995 - Dépôt légal 1re édition : 1968

Imprimé en France